千城央　著

倭国大乱

―特殊建物からみた邪馬壹国とヤマト国―

東日本大震災で亡くなられた方々の御霊に本稿を謹んで捧げます。

表紙写真：象鼻山一号墳（岐阜県養老町）

目　次

はじめに

1．倭国と日本国は別国

古墳時代を牽引したヤマト国が奈良盆地東南部にできたことを否定する説は見当たらず、同国が小国連合を統一する道を歩んだことに異論はみられない。残る問題は邪馬壹（やまいち）国とヤマト国は同じ国なのか、それとも違う国なのかという点に尽きる。

この謎を生んだ原因は、ひとえに天智8年（663）朝鮮の白村江で百済（くだら）・日本軍が唐・新羅（しらぎ）軍に敗れたことにある。敗戦後日本は恐怖の奈落に追い込まれたが、唐・新羅とどのような講和交渉が行われたのか、『記紀』には記述が存在しない。

しかし、『旧唐書』をみればその理由は歴然としてくる。同書には「倭国ハ古（いにしえ）ノ倭奴国也」、「日本国ハ倭国ノ別種也」とある。つまり、白村江で戦った倭国とは古代の倭奴国のことで、日本国とは異なるという意味になる。唐が当初からこのような認識を持っていたとは考えにくく、日本側が戦後の講和交渉において主張したことを受け入れた結果と推定された。

交渉の責任者は戦後に大宰帥（だざいのそち）（大宰府長官）となっていた阿倍比羅夫（あべのひらう）とみられ、先の海戦では軍糧や兵士を朝鮮に送達する後詰将軍を務めている。おそらく、彼は自ら倭国王と称して唐・新羅側と対峙し、倭国と日本国は別国であることの根拠として次の点を取り上げたのであろう。

①後漢の光武帝が中元2年(57)倭王に下賜した金印(漢委奴国王印)の実物を相手方に示した。

②魏志(ぎし)倭人伝(以下『倭人伝』という。)にある倭国の方位と日本国の方位は異なることを示した。

金印にある『倭奴国』の刻字は『後漢書』倭伝などにはないものであるから、唐がこれをどうして知り得たのかということが問われる。その回答としては当時、金印は志賀島に埋められていたわけではなく、伝承どおり細石(さざれいし)神社(福岡県糸島市)が保管していたから提示が可能となったのであり、これだけでも相手を納得させるのに十分な根拠となったのであろう。

したがって、金印が江戸時代盗難にあったという神社の伝承はより真実性が高まるとともに、その読み方は江戸時代の通説であった「漢ノ倭奴(いと)(伊都)国王」説が正しく、明治以降に出された新説の「漢ノ倭ノ奴ノ国王(奴国王)」説は成立し難いとみられる。

『倭人伝』は倭の地理的方位を誤って記載していたため、唐にとっては皮肉なことだが日本にとっては勿怪の幸いとなるもので、倭国(九州)とその東にある日本国(本州)とは別の国だということがより明確となる。

もちろん、その狙いは日本国の敗戦責任を回避し、唐軍の侵攻を食い止めるためであるが、敗戦後に『記紀』の草案を推敲したとき、唐の手前この主張に沿った歴史とすることが史上命題となり、次の点に工夫が必要となったことは否めない。

①天皇制を根幹としてきた日本国の歴史は、王制である倭国のそれよりも古いことを誇示するため、神武帝から開化帝にいたる9代を架上した。

②『倭人伝』にある邪馬壹国や狗奴（かぬ）国は倭国にあったので、日本国の歴史として書くことはできない。それだと国史に穴が開いてしまうので、時代が矛盾する神功皇后の時代を架上した。

神功皇后は開化帝の曾孫の娘、つまりひ孫とあるので景行帝と同代で4世紀後葉の人となるのに、神功66年は晋の泰初（泰始の誤り）2年（266）で、この年倭の女王（邪馬壹国の壱與女王）が晋に朝貢したということはあり得ない。

なお、比羅夫は北陸を拠点としていた安倍氏族に属する海人で、先祖に崇神（すじん）帝のとき男弟王（おときみ）として活躍した皇族の大彦命（おおひこのみこと）がいる。4世紀後葉ヤマト王権が新羅との抗争で混乱したとき、北陸にあった同氏族の工房では厳しいノルマ制や食糧・衣服の不十分な支給に反発して反乱が起きたとみられる。

その首長と工人は北陸から越後（えちご）・出羽（でわ）方面に逃亡して蝦夷（えみし）となり、長くヤマト朝廷と対決するようになったため、北陸に残った比羅夫には名誉回復という重責が伸し掛かっていた。

2．邪馬壹国とヤマト国同一説の疑問

景初元年(237)陰暦８月魏の将軍毌丘倹（かんきゅうけん）が遼東郡の燕王公孫淵（こうそんえん）を屈服させるため出陣した。徹底抗戦を固めた公孫淵はこれにひるまず、一進一退の攻防を繰り返していたころ、魏は山東半島から水軍を付けて新太守を朝鮮の楽浪郡と帯方郡に赴任させ、抵抗もなく交代させている。

この情報をいち早く得た邪馬壹国の卑弥呼女王は、狗奴国の卑弥弓呼（ひみひこ）男王との抗争を有利に運ぶため、直ちに使者を帯方郡に派遣し太守劉昕（りゅうきん）に祝意を表したのであろう。

他方、倭国を味方にすれば朝鮮の混乱は避けられるとの思惑から、劉昕は直ちに朝貢することを促し、戦闘前夜の危険な陸路を避けるため、水軍の船で朝貢団を送迎するという破格の待遇を示したとみられる。

しかし、毌丘倹の攻撃は失敗に終わったため将軍交代となり、景初２年 (238) 陰暦８月名将司馬懿（しばい）が遼東軍の籠城する襄平城を包囲して戦いが終わった。卑弥呼は直ちに朝貢団を派遣し同年陰暦 12 月洛陽に到着した。

だが、正始 (240) 年代になって邪馬壹国と狗奴国の争いはさらに険しくなり、敗勢の卑弥呼は宗主国の魏に援軍を求めたが、

与えられたのは頼みとしていた水軍ではなく官軍旗のみである。

軍兵は自ら集めろというのであろうが、その甲斐もなく正始8年（247）末に卑弥呼は敗れて死去し、男王が立ったものの内乱で殺し合いとなり、卑弥呼の出身部族から13歳の壱與（いちよ）を女王として治まった。

その敗戦国がどのようにして勝利国を従えることができたというのか。邪馬壹国とヤマト国同一説を主張する論者に問いたい。

3．連合の並立と統一

壱與が女王となったころ、魏では司馬懿がクーデターを敢行して実権を握った。嘉平元年（249）筑前の伊都（いち）国に滞在していたとみられる帯方郡の武官張政は、これに伴って急きょ帰国することとなった。嘉平2年（250）壱與は魏へ謝意と祝意を表することとし、張政を帯方郡まで送るとともに朝貢団を洛陽に派遣したとみられる。

その10年後の景元元年（260）魏の実権が司馬昭に移ったとき、倭国の男女が並んで爵位を与えられたと『梁書（りょうしょ）』・『通典（つてん）』にあるのは、壱與と卑弥弓呼と解する以外ない。

また、司馬炎が魏を倒して西晋を建て武帝となった泰始2年（266）、倭国の女王と男王が共に朝貢しており、並立する小国連合が外藩国として既に承認されていたことは明かである。

太康元年（280）西晋の武帝は呉を滅ぼして中国を統一したにもかかわらず、後宮へ入り浸りとなって執政意欲を失くし、これに乗じた北方民族の南下によって戦乱が続くとその影響は朝鮮に及び、楽浪郡・帯方郡の維持は危うくなった。

武帝の太康10年（289）「東夷の絶遠30余国、西南夷の20余国が来て朝貢した」と『晋書』にあり、東夷の絶遠30余国とはヤマト国連合を指したものとみられ、同書にある倭国関連の記事はこれが最後となる。

こうした中国の史書からすると、倭国では267～288年の間に並立していた小国連合がヤマト国連合によって統一されとみなければならない。なぜなら、古墳早期の3世紀後葉から前方後円墳の築造が列島規模で始まり、エネルギッシュな古墳時代の幕が切って落とされたからである。

2度の大乱を経て多くの犠牲者を出した邪馬壹国と狗奴国に、それを牽引するだけの力が残っていたとは思えない。『記紀』が崇神帝に神武帝と同じ「ハツクニシラススメラミコト」の尊称を贈った由縁は、新たにヤマトが建国され統一連合の中心国となったことを示したものと解される。

4．寒冷化気候に伴う混乱

同時期の朝鮮半島をみると、中国の支配力が弱まって原三国

（馬韓・弁韓・辰韓）から三国（高句麗・新羅・百済）への移行期となり、大国創設への動きが高まるとともに、古くから韓人・倭人・濊人の共住地であった弁韓（加羅＝加耶）の小国は、三国による侵略併合が相次いだ。

こうした混乱は、2世紀ごろから始まった地球規模の寒冷化気候が原因で、高緯度地域に深刻な問題を引き起こし、北方遊牧民族が南下して農耕民族を圧迫し続けたほか、中緯度地域の農耕民族も5世紀に至るまで不作に苦しみ民族大移動が行われている。

参考となる具体例が『魏志』にある。黄初6年（225）陰暦10月魏の文帝が呉を攻撃するため出陣したとき、江水（揚子江）に通じる水路（江蘇省揚州付近）が凍って船が動けず引き上げたとある。

現在、中国における水田稲作の北限は概ね北緯33度付近で、32度にある揚州は日本列島でみれば熊本市の辺りとなる温暖地で、初冬に河川が凍ることは想像すらできない。

同時期の倭国をみると、弥生中期に本州最北の地まで北上した水田稲作が関東北部まで後退し、後退地域は狩猟採集生活に頼る続縄文時代となった。朝鮮半島の稲作に言及した研究書はまだ見ていないが、西日本では明らかに渡来人が増加しているので、日本列島以上に厳しかったことが想定される。

また、こうした変動は身分格差を拡大し、伝統的な神祀りに大きな影響を与えている。それまでの集落共同体による銅鐸・銅矛などを用いた青銅器祭祀が見直され、首長を守護神とみる墳丘墓祭祀に移行する動きが起きた。

しかし、人々の願いとは相反する2世紀後葉の倭国大乱（以下「第1次倭国大乱」という。）、さらに3世紀前葉～中葉の争乱（以下「第2次倭国大乱」という。）によって先進的な技術を有する多くの工人を失い、ものづくりに大打撃のあった倭国が、平和安泰と国家統一への願望を強く持ったことは当然の帰結と言えよう。

このような過渡期に、古墳の築造が南は九州から北は東北南部に至るまで急速に普及した。近年になって対応期の遺跡調査が進んだ結果、様々な疑問に応え得る新たな資料が蓄積されている。

本稿では邪馬壹国と狗奴国の王宮のほか、各地域にみられる主要な古墳と特殊建物遺跡から当時の支配者層の動きを追い、ヤマト建国の過程を重点的に探究したものである。

なお、本稿で取り上げた墳墓のうち、発掘調査で墳墓と棺の方位が明らかにされたものについて、被葬者の推定没年を示した。その手法については、前著『邪馬台国と狗奴国の時代—古墳の方位が示すもの—』(2018年 サンライズ出版)を参照されたい。

1章　卑賤文字の読み方

『倭人伝』にある国名・役職名・個人名は、楽浪郡・帯方郡の役人が倭人の使者から報告のあったことを書きとめ、逐次都に報告していたものに基づいて書かれたと推定される。

ただし、正規の史書に載せるときは夷国として差別するため卑賤文字に置き換えているので、これらを正しく理解するには正常な文字に置き換える必要がある。

当時、倭人の使者はどのような手段を用いて報告していたのか。弥生中期〜後期の筑前や出雲などの遺跡から、筆・書刀・硯が出土していることをみれば、彼らは次のような手段を用いていたことが想定される。

①漢語の会話

交易に携わる倭国の海人は、簡単な漢語の会話ができた。

②漢字の表記

彼らは簡単な事項であれば倭語の発音に合わせた漢字の表記（初期の万葉仮名）、あるいは倭語の意味に合わせた漢字の表記（初期の訓読み）もできた。

③通訳の帯同

『後漢書』倭伝によれば、倭の30か国程度に漢語のできる通訳がいたとあり、重要な場面に対応するため漢人を通訳として雇っていた。

④姓名に代わる地名・役職名の利用

倭人は同族であれば同じ姓名を持つという文化が無かったので、姓名の代わりに居住地の地名や役職名を用いた。

1節　国名

1．邪馬壹国

通説は「壹」を「臺」と解しているが、「臺」は仙人や皇帝が居る所を表す貴賓文字であるから不釣り合いとなる。

連合加入国に市場を設けていた国なので「壹」が正しく、「一・壱・伊都」と同様「市」の卑賤文字である。

したがって、その読みは「ヤマイチノクニ」となり、正常文字にすれば「山市国」で山に囲まれた盆地にある市の国という意味になる。

2．狗奴国

通説は「クナコク」であるが、狗の発音はカ・ク・コの中間音なので該当するのが一音ではない。

国の所在が美濃で木曽三川の下流となるから、三角州や扇状地が数多くある湿地帯とみられ「狗」は「河」、「奴」は「渟」の卑賤文字である。

したがって、その読みは「カヌノクニ」となり、正常文字にすれば「河渟国」となる。

2節　王名

1．卑弥呼

通説は「ヒミコ」と読んで「ヒ」は魂や太陽を表し、「ミコ」は巫女とする。また、「ヒメコ」と読んで「姫子」ないしは「媛子」とする説もある。

だが、これらの説に従うと「卑弥弓呼」の解釈ができないので、次のように解される。

邪馬壹国は近江の比叡山（元は日枝山（ひえやま）であろう。）に中国の烽火台に学んだ砦（高地性集落の一種）を設置し、山王日枝（さんのうひえ）族の火（ひ）見師（みし）を置いて周辺の監視を行うとともに遠方との連絡に当たっていた。その最高責任者が女王の「卑弥呼」であり、正常文字にすれば「火見子」という役職名となる。

倭人は倭韓で活躍していた海人を「州子（しまこ）」と呼んでいたこと

からみて、職業名に付した「コ」とは高位の者に対する尊称を表した言葉とみられる。

なお、こうした遠隔地連絡システムは渤海使船が度々漂着して地元民に襲われた奈良・平安時代の出羽にも設置されていた。秋田城（秋田県秋田市）と出羽国府（山形県酒田市）を海岸沿いに結んだもので、その名残が双方にある山王日枝社である。

2．壱與

「トヨ」と読む説が多い。卑弥呼が職業名であるとすれば、後継者の壱與はなぜ「ヒミコ」と呼ばれなかったのかという疑問が生ずる。

「壱」は「市」で、「與」は「与」と解されるので、諸国に市場を設置する権限を有していた『後漢書』倭伝にある大倭王、即ち大市王という意味の役職名となる。

第2次倭国大乱の後に壱與が女王に就いたとき、敗戦によって邪馬壹国は近江から大和に遷国し（次章参照）、灯火・烽火による遠隔地連絡システムを必要としなくなっていた。

つまり、火見師を統括する仕事が無くなったばかりか、連合の対外窓口となっていた伊都国の役割が大きく変わったということになる。

3．卑弥弓呼

「ヒミクコ」や「ヒミココ」と読む説が多く、弓の弾音によって予言を行っていたとする説もある。

「卑弥」は上記のとおり「火見」の卑賤文字、「弓」は「弼」の省略文字で「弼呼」は「彦」の卑賤文字と解され、正常文字にすれば「火見彦」となる。

狗奴国の本拠地は美濃の荒尾南遺跡（大垣市）で、王宮は侵略地である近江の稲部遺跡（彦根市）となり（次章参照）、美濃の南宮山（なんぐうさん）に山王日枝族の火見師を配置して緊急連絡を取り合っていたとみられ、その支配者だから役職名となる。

3節　使節名

1．景初2年の朝貢使節

（1）難升米

景初2年（238）卑弥呼が魏に派遣した朝貢使節団の正使であり自ら大夫（たゆう）と称していたとあるが、単なる音読みの「ナンショウマイ」説が多い。

この朝貢で下賜されたとみられる**青龍3年**（235）銘の方格（ほうかく）規矩四神鏡（きくししんきょう）が、摂津の安満宮山（あまみややま）古墳（高槻市）から出ているので、「難」は「ナ」と読み奴国や狗奴国の「奴」と同じ湿地帯を表す「渟」の卑賤文字となる。

名前の「升米」はマスで計った「斗米」のことであるが「トイマ」と読むべきで、奈良時代陸奥国にあった蝦夷の遠山村（宮城県登米市）が参考となる。

ヤマト朝廷はこの村の住人を海道の蝦夷と呼んでいたが、東海道に属する常総の水郷地帯（茨城県牛久市遠山の付近）から移住してきた海人で、河川の下流や中流にある湿地帯（氾濫原）の舟運を得意としていた。

湿地帯に繁茂しているヨシ・アシは背が高いため、川舟から見えるのは遠方にある山の峰だけとなり、それを頼りに行く方向を定めていたことから遠山となり、充てた字は異なるが「登米」も昔は「トイマ」と読んでいた。

広大な湿地帯があった古代の難波潟や山城の巨椋池（三川が合流する宇治市の付近）の舟運も同様であったとみられ、「ナノトイマ」はこの辺りの水運に携わっていた首長であろう。

（２）都市牛利

朝貢団の次使で自ら大夫と称していたとあり、意味不明の「ツシゴリ」説が多いものの、「ツシノウシト」と読むべきである。

彼は**青龍３年**（235）銘鏡を出した丹後の太田南５号墳（京丹

後市）のある丹後王国にいた海人で、辰韓や弁辰諸国と交流が深かったとみられる。

したがって、卑賤文字の「都市」は職業名の「通詞（通訳）」、名前の「牛利」は奈良時代の「牛人」と同じで体の大きな漢人系となる。

2．正始4年の使者

（1）伊聲耆

正始4年（243）卑弥呼が帯方郡に派遣した使者の代表者で、邪馬壹国が狗奴国の攻撃によって敗勢となったため、援軍要請がその目的であった。

単なる音読みの「イセキ」説が多いものの、「イセノオユ」と読むべきである。

「イセ」は地名とみられるが西東海の伊勢であるはずはなく、近江にあったのではないか。

「オユ」は老人のことだがへり下った表現である。

（2）掖邪狗

使者の随行者で「エキヤク」・「エキヤコ」説がある。

「掖」は「役」、「邪狗」は「奴」の卑賤文字、個人名ではなく職業名で「エキヤッコ」と読むべきである。

3．正始８年の使者

（１）載斯

邪馬壹国が狗奴国の攻撃によって敗れた正始８年（247）卑弥呼が帯方郡に派遣した使者名とされ、「セシ」あるいは「サシ」と読む説が多い。

この年に卑弥呼は死去し、帯方郡の武官であった張政が伊都国に到着したのは正始９年（248）のこととなる。

「載斯」は「塞使」の卑賤文字で派遣された武人の官職名とみられ、次項の「烏越」が個人名となる。

（２）烏越

「烏越」は「魚」の卑賤文字で、「ウオ」説は妥当とみられる。

【コラム】双鳳文鏡が語る奴国と狗奴国の関係

第１次倭国大乱後に狗奴国が占拠した近江湖東の稲部遺跡（彦根市）は旧愛知(えち)郡にあり、その隣に犬上(いぬかみ)郡がある。飛鳥時代に活躍した犬上御田鍬(いぬかみのみたすき)の出身地とされ、『倭人伝』が狗奴国の名称に「狗(いぬ)」の卑賤文字を用いたことと重なる。

狗奴国は本国の美濃の他に周辺一帯を支配していた可能性が高く、少数の弁韓系鉄鍛冶工人が居住して筑前の奴国や淡路島の鉄鍛冶工人と連絡を取り合っていたと解される。

『魏志』韓伝によれば、弁韓人は死者を送るのに鳳の羽（実物は白鳥の羽と推定される。）を身に着けて羽ばたくとあり、筑前の奴国王墓とされる須玖岡本(すぐおかもと)遺跡Ｄ地点（春日市）と狗奴国の卑弥弓呼男王墓とみられる美濃の象鼻山１号墳（養老町）から双鳳文鏡(そうほうもんきょう)（夔鳳鏡(きほうきょう)）が出土し、現在前者は国立東京博物館の所蔵となっている。

図 1-1　双鳳文鏡模式図

貴人が亡くなると鳳となって天に羽ばたくから、降臨したとき光輝く鳥の卵となって聖地に現れ、王として君臨するという伝説は大洋神話に基づくもので、発生地は辰韓（新羅(しらぎ)）とされる。

その起源は鍛冶族が用いる鞴(ふいご)にあって、鳥が羽を広げたり畳んだりしながら風を起こす動作に似ているので、これを用いた鍛冶のことを「羽吹(はぶき)」、鍛冶炉に付ける送風管の差込口を「羽口(はぐち)」と称していた。

飛鳥時代の蘇我氏は葬儀において大きな羽を身に着け、羽ばたく動作を繰り返して死者を送ったというから、弁韓でも弁辰系の国から奴国に渡来した鍛冶族とみられる。

前著で指摘したとおり朝鮮語で鉄などの固いものを表す「蘇」は、発音がシ・ス・セ・ソの中間音即ち子音なので母音の倭語では須江・陶・末・瀬・曾などに変化し、「蘇我」は志賀・須賀・千賀・曽我などに変化して異音同義語となった。

〜〜〜〜〜〜〜〜〜〜〜〜〜〜〜〜〜〜〜〜〜〜〜〜〜〜〜〜〜〜

2章　近江の動き

1節　特殊建物

1．遺跡事例

弥生中期の倭国における小国は、肥前の吉野ヶ里遺跡（神埼市・吉野ヶ里町）にみられるような環溝集落を中心とする支配区域を有し、王の居住区は環溝の中に設置されていた。弥生後期になって環溝集落から分散居住に変わったとき、王や首長がどのような建物に居住していたのか、事例は少ない。

例えば、山城（やましろ）の中街道遺跡（向日市）や豊前（ぶぜん）の小迫辻原（おざこつじばる）遺跡（日田市）では古墳早期の豪族居館とされた遺跡があるものの、この見方は明らかに間違いである。

詳細は後記に譲るが、当時は寒冷化気候のため暖を取れない高床式掘立建物を日常の居住建物とみることには無理がある。

暖を取れる当時の建物は竪穴式建物に限られるので、日常生活を送る居館はこの建物であり、高床式建物は儀礼や祭祀などに用いた特殊建物となる。また、上記遺跡で居館とされた**大型高床式総柱掘立建物**は、ヤマト王権が貢納品保管のため各地に設けた**屯倉（みやけ）**に他ならない。

ところで、『倭人伝』にある「居処・宮室・楼観・城柵、厳カニ設ケ」とする有名なくだりに見合う遺跡は、近江に集中してある。ここでは数多くの大型特殊建物（床面積 40 ㎡以上）ばかりか、超大型特殊建物（床面積 110 ㎡以上）も出土した。当時の特殊建物は権力者の存在と直接結び付くもので、30 余の小国があった倭国にあって、特異な様相を示す国が近江にあったことを示しているので、これまでの調査によって弥生後期～古墳前期の特殊建物と認められる次の遺跡を取り上げてみよう。

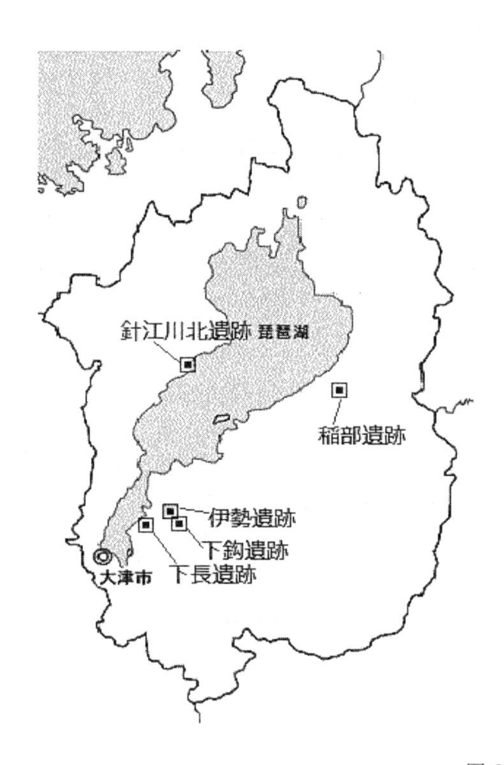

図 2-1　近江の遺跡

①伊勢遺跡（守山市・栗東市） 1世紀末葉～2世紀後葉

②下長遺跡（守山市） 1世紀末葉～3世紀中葉

③下鈎（しもまがり）遺跡（栗東市） 2世紀後葉～3世紀中葉

④稲部遺跡（彦根市） 3世紀前葉～4世紀

⑤針江川北遺跡（高島市） 3世紀前葉～4世紀

2．利用区分

伊勢遺跡には建築構造の異なる特殊建物が8種類もあり、弥生後期中葉の展示場ともいえる貴重な遺跡なので、その利用区分をベースとして他の遺跡の分析を試みることとする。

（1）王宮

上記遺跡の建物群と『倭人伝』にある「居処・宮室・楼観・城柵」を比較検討したところ、次のような建物の利用区分が認められた。

①居処

通説では王や首長の居館ないしは主殿とされているが、高床式建物は当時の寒冷化気候からみれば日常的な居住建物とはみられず、客人や部下を接見するとき使われた**客殿**であり、居住建物はその周辺にある竪穴式建物であったとみざるを得ない。

高床式掘立建物の中央部に座席を設けるため、正面の桁柱間数は奇数が一般的で、偶数の場合は中央部に柱を立てない工夫がある。

②宮室

折々にシャーマン王が祭祀を行う**祭祀殿**であり、高床式掘立建物に付く棟持柱の立て方に直独立・斜独立・近接の3種類がある。

正面の桁柱間数は偶数・奇数の双方があり、建物中央部に心柱を置くことがある。

この建物には収穫物や造作物を神に奉げる小規模な庫即ち**奉納殿**を付帯することがある。

③楼観

幾つかの小国が集まる連合のシャーマン王が、加入国の豊穣・無病息災の祈願と感謝を行う**特殊祭祀殿**で、高層式露台付総柱掘立建物である。

④待機舎殿

男弟王が祭祀場内に入ったとき、客殿に昇るまで待機している建物。

⑤城柵

シャーマン王と仕える巫人以外の者が祭祀場内に入ること

は厳禁であり、祭祀の秘儀が外から見えないようにするため、河川・水堀・空堀・盛土・柵・塀・垣根で間仕切りをし、周辺を武人が見回り警護をする。

（2）男弟王の建物

倭国におけるマツリゴトは、6世紀に至るまで神事王（シャーマン王）と政事王（男弟王、『倭人伝』では「男弟」）による役割分担があり、前者は天神（北極星神）を守護神として神々に奉仕するシャーマン、後者は日神（太陽神）を守護神として君臨する政事執行の最高権力者である。

祭政一致のマツリゴトを行うため、一般人で唯一祭祀場内に入ることが許されていた男弟王は、日の出前に王宮へ出向いて神々の託宣をシャーマン王から伺うことが日課であるから（『倭人伝』・『隋書倭国伝』参照）、祭祀場外にその**執務舎殿**（役所）と居住用の竪穴式建物が必要となる。

（3）豪族の建物

豪族とは『倭人伝』で大人（おとな）・大夫（たゆう）と称された部族長のことであり、住民に諸道具や種籾を貸し付け、収穫後に租賦（貸付料）として納付された籾米・塩・織布などの生産物を保管する高床式掘立建物の**邸閣**を所有していた。

（4）連合王権の建物

①大蔵

詳細は後記で取り上げるが、狗奴国との戦闘に敗れた邪馬壹国は壱與女王のとき近江から大和に遷国し、倭国は二大連合時代となった。

景元元年（260）魏から外藩国の承認を得た邪馬壹国連合と狗奴国連合は、倭国における連合の中心国であることの権威を示すため、**超大型高床式総柱掘立建物**の**大蔵**を設置している。

この建物は、律令時代の国家組織にある大蔵省の大蔵に相当するもので、貢物や下賜品を収納する超大型保管庫であった。

3世紀後葉ヤマト国によって二大連合が統一されたとき、ヤマト王権は崇神帝の王宮に付帯する大蔵を奈良盆地に設置したとみられるが、その遺跡は未発見である。

②屯倉

ヤマト王権は各地から運ばれてくる貢物を収納するため、拠点地に**大型高床式総柱掘立建物**の**屯倉**を設置して保管倉庫とし、これを管理する豪族がここから都のある奈良盆地に運んでいた。

2節　伊勢遺跡

1．遺跡概要

標高97～100m野洲川下流左岸（守山市・栗東市）

1世紀末葉～2世紀後葉

特殊祭祀場・王宮・城柵（30 ha）

仕様：東側に大溝（幅6.5×高さ3mの逆台形）

南側にクランク状区画溝と旧河川

円弧状外溝（幅3.2×高さ0.9mの台形）

円弧状外柵（高さ約3m）

円弧状内溝（幅1m×高さはごく浅い）

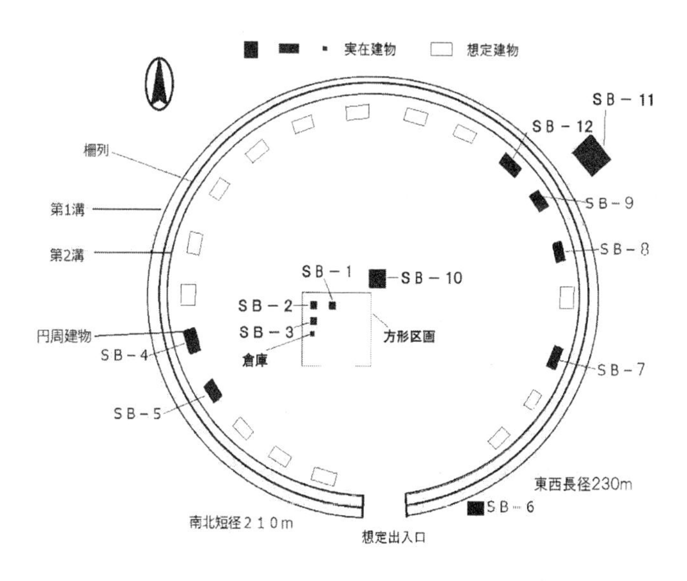

図2-2　建物配置図（守山弥生遺跡研究会「伊勢遺跡」より作成）

建　物：超大型特殊建物　　1
　　　　大型特殊建物　　　10
　　　　中小型特殊建物　　2
　　　　五角形竪穴式建物　9
特殊物：焼床・焼成レンガ（超大型特殊建物内）
　　　　色彩土器群（五角形竪穴式建物内）

2．環溝集落説の問題点

洪水や疫病の対策に難点がある環溝集落は、弥生後期になると解体され、分散居住型に変化したにもかかわらず、伊勢遺跡では水路・大溝・円弧状溝・柵で囲われていた。

このことに関する学説の多くは、環溝集落における環溝の一種とし、弥生中期の集落に先祖返りをした珍しい事例だとか、周囲をもっと発掘すれば竪穴式住居が多数出てくるだろうなどとの見解を示している。

弥生中期の環溝集落は防御のためであったが、進化した弓矢を主たる武器とする弥生後期にあっては、この程度の造りでは防御の用にはならず、それをあえて造ったということは、別の意味があったとみなければならない。

また、遺跡にある大型建物の大半は祭祀に用いられた高床式斜独立棟持柱付掘立建物であり、余程の権力者でなければ構築はできないものである。

そもそも、弥生後期の一般集落にこれだけの祭祀殿を必要とした理由は何なのか何らの説明もないばかりか、他にこうした事例も見当たらないのにいとも簡単に無視されてきた。

3．小国連合の祭祀施設

こうした観点から遺跡の意味を再検討してみると、30余国の小国があったとされる倭国にあって、この遺跡はどうみても一小国に必要な祭祀殿の数を超えており、男王の邪馬壹国を先頭とする連合体制を考慮する以外の妥当な解釈は見出せない。

さらに、焼床・焼成レンガの使用は中国系工人の存在を推測させるものであり、こうしたレベルの高い建築技術を持った国は明らかに特別な国であり、連合加入国による共同祭祀施設とみれば理解ができる。

したがって、ここで祭祀を行っていたシャーマン王は小国王の上に立つ連合王であり、水路・溝・柵は防御のためではなく、一般集落地とは異なる神聖地として区別するためであると解された。

前著で指摘したようにこの祭祀施設の配置は、漢の都にあった明堂や28宿の星座をヒントに外円は天を、内方は大地を表したもので方格規矩四神鏡の刻象を参考にしたとみえる。

4．主要建物

柵で区切った方形区画内に建物4棟をL字型に配置しており、

祭祀場の中枢にある王宮関連施設とみられる。

①客殿（SB-1）

当初：高床式掘立建物
1×2間（床27㎡）

建替：大型高床式掘立建物
2×4間（床86㎡）

㊟正面の桁柱間数は偶数だが建物中心部に柱は無く座席設置可能

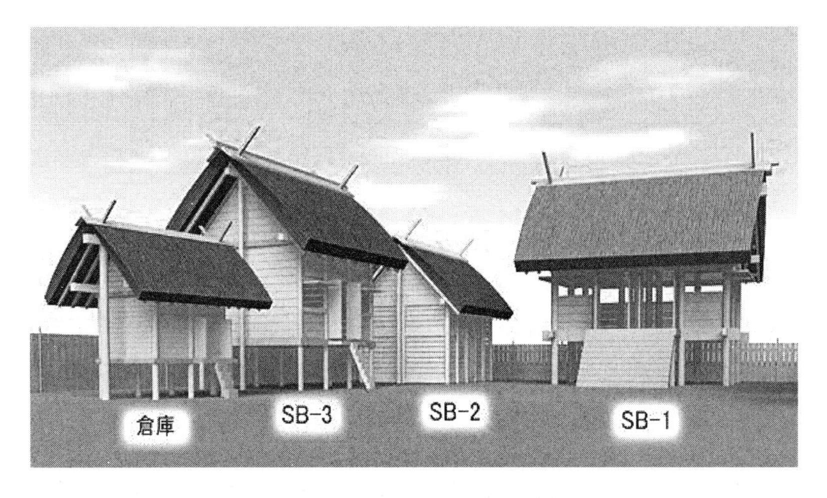

図2-3　王宮建物復原図（小谷正澄氏作成）

②男弟王待機舎殿（SB-2）

大型平地式近接棟持柱付掘立建物
1×5間（床57㎡）

㊟待機中は外が見えない構造

③**祭祀殿（SB-3）**

大型高床式近接棟持柱付掘立建物

1×3 間（床 49 ㎡）

④**奉納殿（倉庫）**

高床式直独立棟持柱付掘立建物

1×2 間（床 17 ㎡）

⑤**男弟王執務舎殿（SB-6）**

高床式屋内棟持柱付掘立建物

1×3 間（床 38 ㎡）

図 2-4　男弟王執務舎殿復原図（小谷正澄氏作成）

⑥**連合高官待機舎殿（SB-11）**

超大型竪穴式屋内棟持柱付掘立建物

13.6×13.6m（床約 185 ㎡）

粘土の**焼床** 2 層・四周壁に**焼成レンガ**

㊟待機中祭祀場内が見えない構造

図 2-5　連合高官待機舎殿復原図（小谷正澄氏作成）

⑦連合加入国祭祀殿（SB-4,5,7,8,9,12）

大型高床式斜独立棟持柱心柱付掘立建物

1×5 間（床 40〜45 ㎡）

㊟正面の桁柱間数が奇数でも、中央に心柱があるので座席を置くことはできない。連合のシャーマン王が楼観で祭祀を行うとき、加入国のシャーマンがこの建物で祭祀を行ったとみられる。

図 2-6　加入国祭祀殿復原図（小谷正澄氏作成）

⑧連合楼観（SB-10）

当初：総柱式高層露台付掘立建物（布掘式構築）
　　　2×2 間（床 18 ㎡）
建替：大型総柱式高層露台付掘立建物（布掘式構築）
　　　3×3 間（床 81 ㎡）

図 2-7　連合楼観復原図（小谷正澄氏作成）

⑨シャーマン王など巫人の住居

五角形竪穴式建物

㊟弥生中期末に南海トラフ大地震･大津波があって瀬戸内航路の湊津が津波で崩壊し、日本海航路が重視されたとき、山陰から近江に伝わった。

不整形な五角形は陰陽五行説における十干（甲乙・丙丁・戊己・庚辛・壬癸）の輪廻を意識したとみられ、シャーマン王や仕える巫人の住居と想定される。

5．建物柱の再利用

伊勢遺跡にあった建物跡には残欠柱根が少なく、その多くは第1次倭国大乱後に抜き取って穴を埋めており、新王宮などに再利用したとみられる。

この場合、太くて長い幾本もの柱を傷めることなく運ぶには、新王宮建設地まで既存の河川を利用するか、新たに水路を掘削するしかない。

このとき、計画的に水路を掘削すれば新王宮を囲う溝として利用できるので、第1次倭国大乱後に再建された女王の王宮は、伊勢遺跡からそれほど遠くない場所にあるとみることができる。

6．男王の出自

邪馬壹国のシャーマンである男王が筑前の伊都国系であったことを前提に『記紀』伝承と突合してみれば、神武帝より先に近畿に進出していたという天孫族の饒速日命（にぎはやひのみこと）即ち物部氏が妥当となる。

湖西にある比叡山と日吉大社の旧名である日枝大社の「ヒエ」は「火枝」のことで、烽火や灯火で遠隔地と情報を交換し、同時に周辺地域の動きを監視する火見師の山王日枝族がここに配置されていた。

「速日」を「速火」とみれば、火見師を支配する火見王でもあったことと合致する。

同じころ濃尾平野東部に進出した物部氏系の火明命（ほあかりのみこと）も、美濃金華山にいた山王日枝族の火見師を支配する火見王であったとみることでも矛盾はない。

3節　下長遺跡

1．遺跡概要

標高 95m新守山川左岸の平地（守山市）

1世紀末葉～3世紀中葉

川湊・市場・住居・倉庫・祭祀域・墓域のある集落（20 ha）

建　物：大型特殊建物1他 223＋α

土　器：在地系（手焙形・円筒埴輪・水鳥形）

外来系（**山陰・北陸・西瀬戸内・東海・畿内・韓式**）

木　器：玉仗・団扇・刀柄頭・鞘尻・舟形・刀形・盾

銅　器：銅鏃・銅鏡・素文鏡・銅鐸飾耳

石　器：石釧

玉　　：管玉・小玉

特殊物：**準構造船**・倭琴

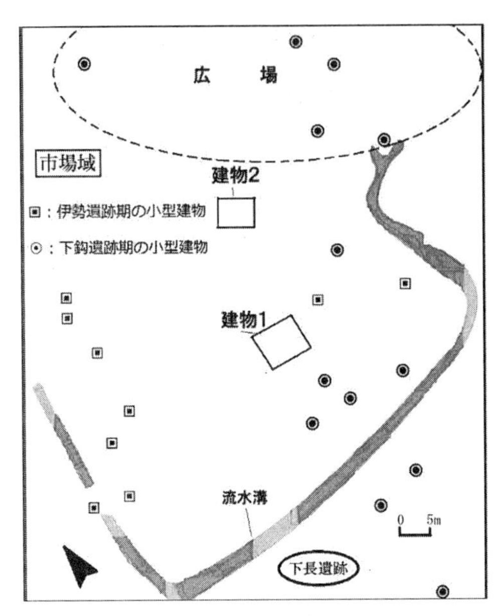

図 2-8　建物配置図その 1（守山弥生遺跡研究会「下長遺跡」より作成）

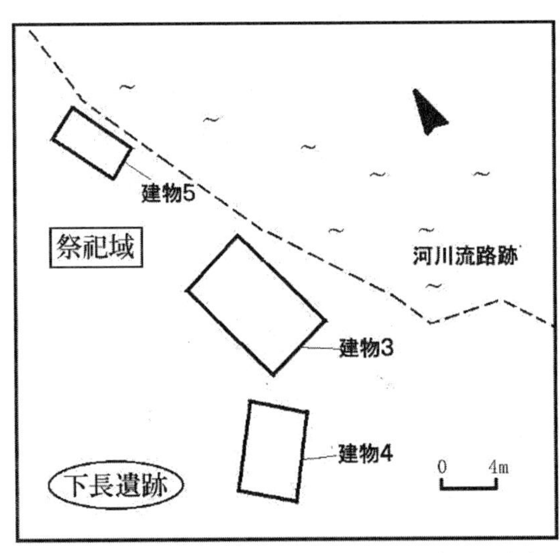

図 2-9　建物配置図その 2（守山弥生遺跡研究会「下長遺跡」より作成）

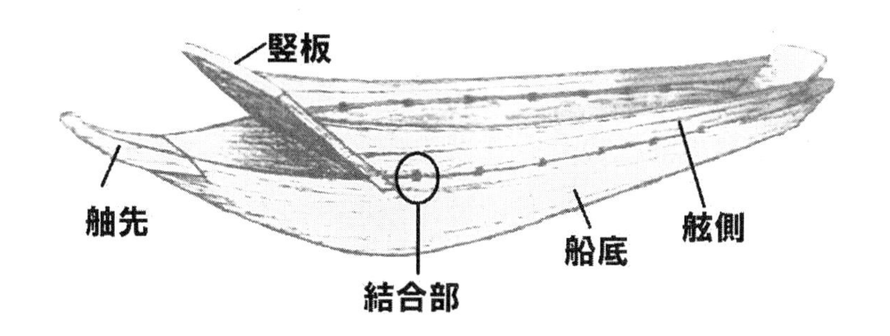

図 2-10　準構造船復原図
（守山弥生遺跡研究会「野洲川下流域の弥生遺跡」より引用）

2．市場域

図 2-8 の市場域を「儀礼空間」や「水祀り」の場とみるのは適切ではない。飛鳥時代以降の市場遺跡をみると、大勢の人が集まるので飲料水・用便・雨天の対策がある。

そのため、河川や排水溝に接続する場所に広場を設け、簡易な堀立建物や高床式堀立建物を建て（下長遺跡では 10 数棟）、建屋付きの井戸か樋管を引いた水槽を設置している。

また、取引に付きもののもめごと処理対策のため、市場管理人（『倭人伝』にある「大倭（おおいち）」即ち「大市」のこと）の邸閣と住居（竪穴式建物）を近くに設置しているのが一般的である。

３．主要建物

当初の主要建物は概ね１世紀末葉～２世紀後葉、建替後の主要建物は概ね２世紀後葉～３世紀中葉で、集落は拡大したが邸閣は小さくなり、接続する広場に市場を設置し、建物に布掘式構築と角柱使用がみられ建築技術が進化している。

①邸閣

当初（建物１）：高床式斜独立棟持柱付掘立建物
１×３間（床 38 ㎡）

建替（建物２）：高床式掘立建物
２×３間（床 24 ㎡）

図 2-11　邸閣（建物 1）復原図（大上直樹氏作成）

②祭祀殿

当初（建物３）：大型高床式直独立棟持柱付掘立建物
１×３間（床 40 ㎡）

建替１：高床式直独立棟持柱付掘立建物
２×３間（床 20 ㎡）

建替２（建物４）：高床式直独立棟持柱心柱付掘立建物
２×３間（床 20 ㎡）
㊟建替２は公孫従属から魏従属に変わったとき。心柱以外は柾目の角柱

図 2-12　祭祀殿（建物４）復原図（大上直樹氏作成）

③奉納殿（建物５）

高床式掘立建物

１×３間（床 13 ㎡）

㊟②の建替２で新設し神祀りを強化

４．首長の地位

川の上流に位置する伊勢遺跡と下鈎遺跡にとって、最も重要な集落であり、これらの遺跡を支えた琵琶湖水運の拠点であったとみられる。

建物規模からみて、集落を支配した首長の地位は連合加入国の王に匹敵し、『倭人伝』で邪馬壹国の次官とされた「弥馬升(みまと)

（水間人）」即ち舟運の頭領であろう。

5．建築技術の進歩

日本で木材を切るのに鋸が使われるようになったのは、飛鳥時代とみられ、それはまだ小型なので太い木を切ることはできなかった。そのため、丸太から板を作るときは斧や楔を使って叩き割り、割板の表面を槍鉋で削って平らにしていたようである。

因幡の青谷上寺地遺跡（鳥取市）から弥生後期の倭琴の板・船団を描いた板・巨大杉板（2.6×0.7m）が出土している。

こうした木材加工技術の進歩は建物だけではなく、祭祀具・威儀具・装飾具・農具・工具・生活用具など広範囲に及んでいた。

その製作には豪族が雇った専門の工人があたり、製品は売却ではなく貸し与えるもので、賃料即ち賦課物は籾米などの生産物で支払っていたとされ、それが墳墓築造など諸経費の財源となっている。

4節　下鈎遺跡

1．遺跡概要

伊勢遺跡の南西 1.2 ㎞（栗東市）

標高 98～99m湖南の葉山川右岸緩斜地

1世紀末葉～3世紀中葉

特殊祭祀場・王宮・城柵・青銅器工房（20 ha）

建　物：特殊建物（北区域2・南区域3）

土　器：各地の外来系多数

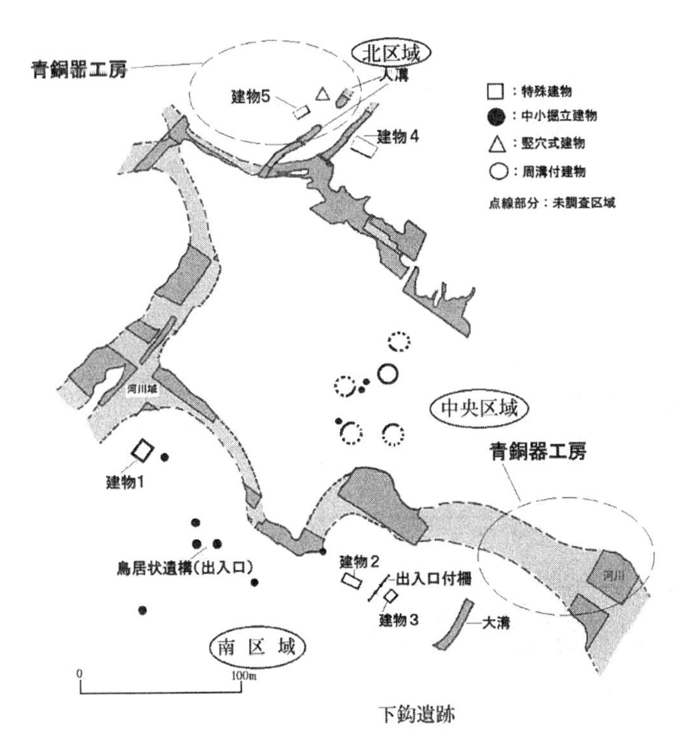

図 2-13　建物配置図（守山弥生遺跡研究会「野洲川下流域の弥生遺跡」より作成）

2．北区域

遺跡北西の河川と大溝で囲った内側に青銅器鍛冶工房

㊟この工房は南区域にあった青銅器鍛冶工房の後継とみられ、調査区域外の西側にもっと建物があると想定されるが、第2次倭国大乱で破壊された可能性がある。

工房の南東側に王宮付帯の北楼観

2世紀後葉～3世紀中葉

①工房祭祀殿（建物5）

高床式直独立棟持柱付掘立建物

推定1×3間（床10㎡超）

図2-15 工房祭祀殿復原図（小谷正澄氏作成）

②工房区域内の竪穴式建物１

特殊物：建物内に銅残滓

③北楼観（建物４）

大型高層式直独立棟持柱露台付掘立建物（推定）

不明×4 間（推定床 40 ㎡）

㊟柱穴一部流失

特殊物：残柱穴下に**赤彩土器**

周辺から鉄鏃・鉄刀子・多量の土器（手焙形他）・

倭琴（長さ 1.58m）

柱穴下の赤彩土器は、構築時の地鎮祭に用いたとみられ、収穫物を入れて神に奉納する器なので豊穣を祈願したのであろう。建物周辺から出土した倭琴をみても、北楼観では収穫物の豊穣を祈願した可能性が高い

３．中央区域

周溝付竪穴式建物の一部

㊟大半が調査区域外で全容不明だが、シャーマン王と巫人の日常生活用とみられる。

２世紀後葉～３世紀中葉

4．南区域

遺跡南東の河川跡一帯に青銅器鍛冶工房

1世紀末葉～2世紀後葉

㊟この工房は北区域にある青銅器鍛冶工房の前身とみられ、第1次倭国大乱で破壊された可能性がある。

工房廃絶後北西側に王宮設置

2世紀後葉～3世紀中葉

（1）青銅器鍛冶工房

特殊物：銅残滓・粘土板製鋳型片・銅塊・銅湯玉・銅鏃・銅鏃未製品・小銅鐸・**銅環権**（どうかんごん）・前漢鏡破片

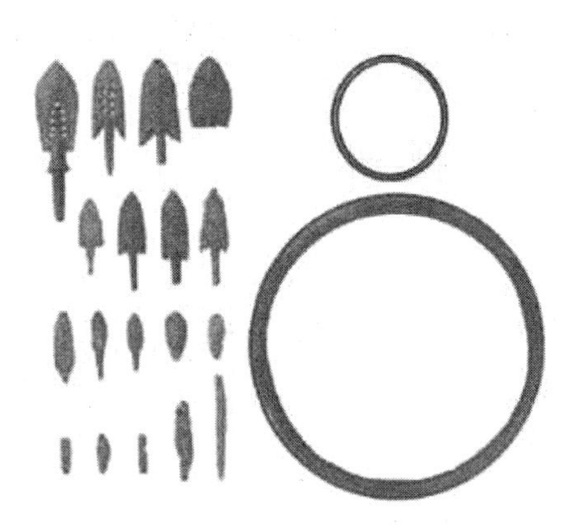

図 2-14 銅鏃と銅環権
(守山弥生遺跡研究会「野洲川下流域の弥生遺跡」より引用)

銅環権は計りに用いた分銅のことで、度量衡基準のない倭国内で作れるものではなく、楽浪郡から手に入れたとみられる貴重なものである。

この工房は伊勢遺跡があった時代の青銅器加工工房とみられ、遺物は河川跡から打ち捨てられた状態で出土しており、第1次倭国大乱のとき破壊された可能性が高い。

（2）王宮

図 2-16　南区域の特殊建物群（小谷正澄氏作成）

①鳥居状の門（南区域）

王宮への出入口

主柱 2×側柱 2（柱間 4m）

㊟この外側に男弟王執務舎殿があるとみられる。

②客殿（建物 1）

大型高床式直独立棟持柱付掘立建物

2×5 間（床 48 ㎡）

㊟ヒノキの残欠柱根下に**水晶原石**

③南楼観（建物２）

大型高層式直独立棟持柱露台付掘立建物

2×4 間（床 40 ㎡）

㊟正方位は採っていないが高層式の楼観

④男弟王待機舎殿（建物３）

平地式近接棟持柱付掘立建物（推定）

1 間×不明（推定床 30 ㎡）

㊟祭祀場が直接見えない構造

（３）客殿残欠柱根の年代

客殿（建物１）は水路と大溝で囲われた南区域の中にあり、伊勢遺跡と比較するとやや小型で質素なものとなっていることは下長遺跡における同時代のそれと同様である。

残欠柱根の１本（直径 0.37m 長さ 0.8m）を年輪年代測定にかけたところ、**西暦 69 年プラス α** と出た。この測定をそのまま採用すれば、この遺跡の存立は伊勢遺跡とほぼ同年代に並立してあったことになる。

しかし、わずか 1.2 ㎞しか離れていない所で同じ国のマツリゴトが別々に行われていたとみることには無理があり、かといって２国があって王と男弟王が両国にいたとみることにも無理がある。

したがって、この遺跡にある建物柱は伊勢遺跡にあったものを抜き取って再利用したとみるのが妥当となる。

現に、伊勢遺跡の大型建物に用いられた柱は径0.5m超・深さ1.2～1.4mだが、この遺跡の柱は径0.37m超・深さ0.8m程度であり、再利用のとき切削して用いたのであろう。

その経緯は下記のようになると推定され（6章参照）、切削した分のプラスαは19～20年程で伐採年は概ね紀元後88年と推定された。

①伐採	88年
②伊勢遺跡で利用	90～164年
③第1次倭国大乱で放置	165～184年
④下鈎遺跡で再利用	185～247年

（4）残欠柱根下の水晶原石

客殿残欠柱根下に埋納された水晶原石2個は、構築時の地鎮祭に用いたとみられ、居住主が玉作族の出身者であることを示唆している。

『記紀』神話にある天照大御神（あまてらすおおみかみ）と須佐男命（すさのをのみこと）による神力合戦は、卑弥呼と卑弥弓呼の争いを題材として創られたとする説があり、玉作を得意とする大御神は玉作族に属する巫女の卑弥呼をモデルにしたとみれば、王宮の主は卑弥呼であることの現実性がある。

5．楼観の配置

男王時代の祭祀を大幅に見直し、連合加入国の祭祀を止めて連合の祭祀のみを行ったとみられ、しかも祭祀殿に付きものの奉納殿がなく、楼観を南北に配置したことが注目される。

女王の邪馬壹国は景初元年（237）まで遼東の公孫に従属していたが、景初2年（238）から魏に従属したので、女王はこれを機に中国式の二至二郊の祀りに準じた神祀りを行うため、奉納殿を北楼観に格上げしたとみられ、楼観の使用区分は次のようになると推定された。

①北楼観

夏至～冬至間に使用する特殊祭祀殿

夏至の水祀り・秋の収穫祀りなど

②南楼観

冬至～夏至間に使用する特殊祭祀殿

冬至の日祀り・春の播種祀りなど

5節　稲部遺跡

1．遺跡の概要

標高 90m 宇曽川下流左岸微高地（彦根市）

2～4世紀

祭祀場・王宮・市場・鉄器鍛冶工房群（20 ha）

建　物：特殊建物 7・鍛冶工房 23 など 180 超

土　器：在地系（壺・甕・高坏・鉢・手焙形・器台）

外来系（**韓式・大和・伯耆・越前・近江湖南・伊勢・美濃・尾張**・三河・**遠江・駿河**）

特殊物：**鉄塊** 6 kg・鉄片・**桃の実**

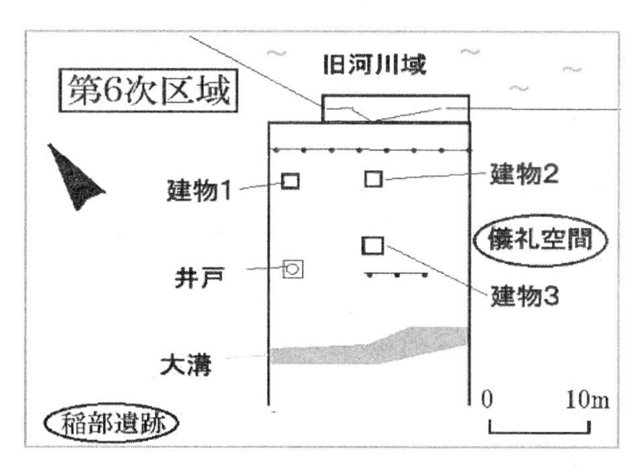

図 2-17　建物配置図その 1（彦根市現地説明会資料より作成）

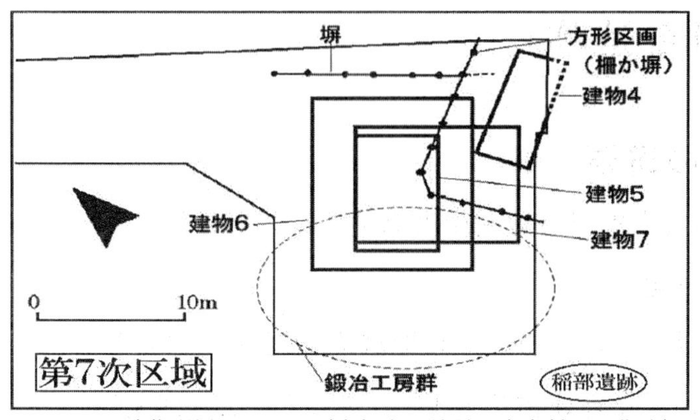

図 2-18　建物配置図その 2（彦根市現地説明会資料より作成）

2．集落の変容

①誕生期（概ね 2 世紀）

北端区域に竪穴式建物・鍛冶工房 1・多角形建物 1

②形成期（概ね 3 世紀初頭～前葉）

北端区域に祭祀殿・井戸・金属器工房・周溝付建物

③発展期（概ね 3 世紀前葉～半ば）

王宮・鍛冶工房群・市場・邸閣を設置

㊟現地説明会資料によれば、第 6 次調査区域にある「儀礼空間」の南東側も「儀礼空間」となっているが、流水溝・簡易掘立建物群・広場があることからみて、「市場域」とみるのが適切

④転換期（概ね 3 世紀半ば過ぎ）

王宮・市場を維持

邸閣の建替（方形区画を壊し大型特殊建物）

鍛冶工房群廃絶

⑤連合王権確立期（概ね3世紀半ば過ぎ～後葉）

王宮・市場を維持

邸閣を廃止し**大蔵**設置（超大型特殊建物）

⑥ヤマト王権服属期（概ね3世紀末葉以降）

王宮維持

市場を廃止し**大溝**設置

大蔵を廃止し**屯倉**設置（超大型特殊建物）

3．主要建物

①男弟王執務舎殿（建物1）

高床式掘立建物

1×2間（床24㎡）

㊟建替2回

②客殿（建物2）

高床式掘立建物

2×2間（床31㎡）

㊟建替2回

③祭祀殿（建物3）

大型高床式直独立棟持柱付掘立建物

1×2間（床51㎡）

㊟建替２回

④邸閣

当初（建物４）：大型高床式直独立棟持柱付掘立建物
　　　　　　　　1×3間（床43㎡）

建替（建物５）：大型高床式直独立棟持柱付掘立建物
　　　　　　　　1×5間（床63㎡）

⑤大蔵（建物６）

超大型高床式総柱掘立建物

推定2×5間（床188㎡）

⑥屯倉（建物７）

超大型高床式総柱掘立建物

推定2×4間（床145㎡）

４．鉄器鍛冶工房群の設置

立地地勢からみて、鉄器鍛冶工房群（23棟）の設置は近江湖北・近江湖東・東海・北陸にいた物部氏系を含む豪族が支援して行ったとみられるが、ここで働く韓系鉄鍛冶工人は、次の点からみて淡路島から移住してきたものと推定された。

弥生中期に鉄器・青銅器の鍛冶工房があった筑前奴国の須玖遺跡群（春日市）は、燃料として調達できる松材等に限界が生じたとみえ、後期になると淡路島の五斗長垣内（ごっさかいと）遺跡（淡路市）に鉄器鍛冶工房（12 棟）を移したとみられる。

だが、2世紀中葉なるとここでも燃料調達の問題が生じたとみられ、同じ淡路島の舟木遺跡（淡路市）に工房を移すとともに工人を増やして強化した。

2世紀後葉工人の一部が大和に移住するため河内潟に上陸したところ、邪馬壹国の抵抗を受けて戦いとなり、撤退と上陸を繰り返した結果移住は失敗に終わったとみられる（詳細は4章参照）。

ところが、舟木遺跡は3世紀初頭で廃絶となっており、操業期間が約半世紀であるから燃料調達に問題があったとは考えられず、それ以外の理由でどこかに移住した可能性が高い。

同時期に大規模な鉄器鍛冶工房が新しくできたのは近江湖東の稲部遺跡（23 棟）であり、鍛冶炉に鞴(ふいご)を使用した形跡がない点から見ても、ここに移住したとみるのが妥当となる。

5．王の出自

客殿（床 31 ㎡）は下鈎遺跡におけるそれ（床 48 ㎡）より小さいが、邸閣の建替ではその規模を順次拡大し（床 43 ㎡→63 ㎡→188 ㎡）、大和纏向遺跡のそれ（床 238 ㎡）に次ぐ大蔵となるので並の王ではない。

邸閣を大きくしたのは邪馬壹国に戦闘で勝利したこと、大蔵を構築したのは邪馬壹国の壱與女王と共に景元元年（260）魏の元帝から爵位を授かり、狗奴国連合が外藩国として承認されたことによると推定される。

したがって、この遺跡にいた王は『倭人伝』にある狗奴国の卑弥弓呼男王にほかならず、邪馬壹国を分断して弱体化するため本国である美濃には居住せず、あえて王宮をここに置き背水の陣を構えたことが想定される。

また、3世紀後葉に大蔵を屯倉（床 188 ㎡→145 ㎡）に建替えたのは、次節の針江川北遺跡（高島市）や能登の万行（まんぎょう）遺跡（七尾市）の類似事例からして、狗奴国連合がヤマト王権に服属したことに伴う措置とみた。

つまり、狗奴国連合が卑弥弓呼男王の死去後に終焉となったことを意味するもので、主要建物の建替とその年代からみて、この王宮には次の3代に渡る王が居住したと思われる。（関係章参照）

①卑弥弓呼男王（美濃の象鼻山（ぞうびさん）1号墳の被葬者）

②①の後継王（大和の西殿塚古墳の被葬者）

③②の後継王（近江の安土瓢箪山（あづちひょうたんやま）古墳の被葬者）

6節　針江川北遺跡

1．遺跡の概要

標高87m針江川下流右岸平地（高島市）

3世紀前半（第1区）・3世紀後半～4世紀（第2区）

屯倉・邸閣のある有力首長の居処

建　物：特殊建物8・竪穴式建物6

土　器：甕・壺・高坏・鉢・器台

木　器：各種多数

2．第1区

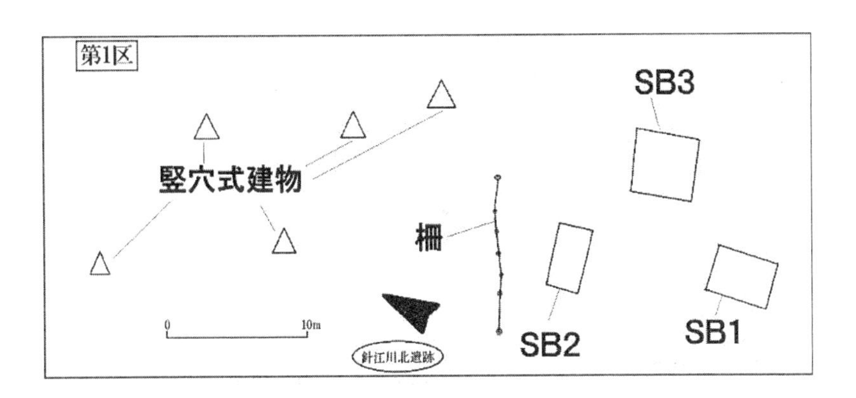

図2-19　建物配置図
（滋賀県教育委員会「高島バイパス新旭町遺跡発掘調査概要」より作成）

①客殿（SB 1）

高床式掘立建物

1×3 間（床 16 ㎡）

②奉納殿（SB2）

高床式近接棟持柱付掘立建物

1×3 間（床 11 ㎡）

③祭祀殿（SB3）

高床式斜独立棟持柱付掘立建物

1×3 間（床 20 ㎡）

3．第2区

第 1 区の北約 100m

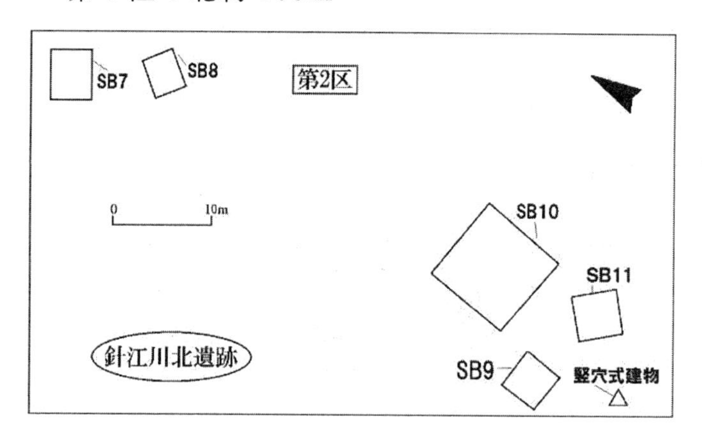

図 2-20 建物配置図
（滋賀県教育委員会「高島バイパス新旭町遺跡発掘調査概要」より作成）

①客殿（SB7）

高床式掘立建物

1×3間（床22㎡）

㊟長方形角柱使用

②首長執務舎殿（SB8）

高床式近接棟持柱露台付掘立建物

1×1間（床13㎡）

③祭祀殿（SB9）

高床式近接棟持柱付掘立建物

1×2間（床18㎡）

④**屯倉**（SB10）

大型高床式総柱掘立建物

3×5間（床82㎡）

㊟円柱使用（径0.6〜0.9m、深さ0.3m）

⑤**邸閣**（SB11）

高床式掘立建物

1×3間（床20㎡）

4．首長の出自

日本海航路の若狭と琵琶湖を結ぶ要衝の地であり、第1区は卑弥呼女王が死去した3世紀中葉に廃絶している。

その北側の第2区に屯倉ができたのは、若狭湾で盛んだった製塩に対応して4世紀前葉にヤマト王権が設置した保管倉庫とみられ、首長は曼荼羅山（まんだらやま）古墳群にある和邇大塚山古墳の被葬者である可能性が高い。

7節　交易交流

1．土器の往来

近江の湖北・湖東・湖南にある概ね2～4世紀初頭の遺跡から、**瀬戸内・山陰・北陸・東海・関東・畿内・韓式**の外来系土器が出土している。

搬入されたか近江で作られたか、いずれにしてもこれらの地域の人が陸運や水運によって近江と往来していたことは確実であり、邪馬壹国における琵琶湖水運の一大拠点であった下長遺跡（守山市）から準構造船が出土した。

外来系土器で目立っているのは、弥生中期以来の叩き目の付いた韓式土器出土遺跡が 25 カ所にも上ることで湖南地域が特に多い。先進技術を有する多くの工人が何度も渡来してきたことがわかる。

一方、男王の邪馬壹国時代に湖北で作られたとみられる**近江**

式土器の受口状口縁甕（うけくちじょうこうえんかめ）と**近江系の瓦質土器**が朝鮮東南部の金海会峴里貝塚遺跡（韓国慶尚南道金海市）で出土している。

また、邪馬壹国女王時代に湖南で作られたとみられるきれいな模様が付いた**近江式土器**(受口状口縁甕・壺・鉢・手焙形)が、**北部九州・瀬戸内・山陰・北陸・東海・関東・畿内**の遺跡から出土していることをみれば、先にみた近江の外来系土器以上の広範な地域に、近江人が往来していたことをものがたっている。

つまり、近江と他地域間では人や物が双方向に動いていたことを示すもので、北九州や大和ではみられない現象であり、その原動力は邪馬壹国が連合加入国に設けた市場にあるとみられ、その成果は確実に上がっていた。

2．鉄と玉の往来

丹後と近江は弥生中期から韓人を受け入れて玉作が盛んとなった地域で、中でも一段と難しい管玉の量産技術は特筆ものである。

北九州の伊都国や奴国が南朝鮮で鉄材などを手に入れるため、玉の製作に力を入れる必要があったから、両地域では必然的に小国家連合が生れた。

一方、南朝鮮の韓人は金銀よりも玉を好むと『魏志』韓伝にあるように、彼らにとって玉は魅力的な商品である。

丹後の方形貼石墓・方形台状墓に副葬されている頭飾り・首飾りの連玉は、韓人の風習そのものであり韓から渡来した王がいたのであろう。

こうした倭韓の交易交流が朝鮮のどこで行われていたのか、近年の韓国における発掘調査で重要なことが明らかとなりつつある。

概ね 1～3世紀前半まで、奴国と伊都国の海人は伝説の鉄王金首露が降臨してつくったとされる金官伽耶国（狗邪韓国）の**良洞里遺跡**（韓国慶尚南道金海市）に来航していた。

その航路は博多湾→壱岐→対馬→良洞里であり、主導していたのは州子の海人安曇氏族とみられ、博多湾の志賀島に根拠地を有し奴国と伊都国の役人でもあった。

3．青銅器の往来

（1）青銅器鋳造鋳型の変化

弥生前期末に朝鮮から伝わった多鈕文鏡・銅剣・銅戈・銅矛といった青銅祭祀器は、中期（概ね前2世紀）になると既製品を熔解する鋳造加工が九州や近畿で行われている。

なお、天日槍伝説などを引用して銅鉱石の製錬があったとする説もあるが、銅鉱石には鉄分などの不純物が必ず含まれているためその除去が難しく、製錬は鉄よりも遅れたとみなければならない。

後期（概ね1世紀）になると、朝鮮の影響を強く受けた筑前では鉄器加工が盛んとなり、青銅器加工は減少したが、近畿の主流は青銅器加工であった。

中期以降の遺跡から出土した青銅器加工の鋳型をみると、次のような進化がみられ、先進技術が近江に集約されている。

①中期前半

筑前	須玖タカウタ	石製・土製

②中期後半

河内	東奈良	石製

③中期末～後期前葉

尾張	朝日	石製
大和	唐古・鍵	石製・土製

④後期中葉

大和	一町	石製・土製
同	大福	石製・土製
同	脇本	石製・土製
河内	池島・福万寺	石製・土製
加賀	一針B	土製
同	吉崎・次場	土製
近江	服部	石製・複数粘土板製

⑤後期中葉～後葉

近江	下々塚（げげづか）	複数粘土板製

同	能登川石田	複数粘土板製
同	下鈎	複数粘土板製

（2）近畿の青銅器加工

紀伊の堅田遺跡（御坊市）では、北九州よりやや早く既存の青銅器を槍鉋（やりがんな）に加工する技術が伝来したとされる。

その影響もあってか、近畿では後期中葉（概ね1世紀末葉）になると青銅器加工が盛んとなり、銅鐸は大型化して近畿式と三遠式が登場した。

上記鋳型の進化でいえば、近江の服部遺跡で複数の粘土板製が用いられたときであり、邪馬壹国男王時代つまり伊勢遺跡の時代と一致する。

2世紀末葉になると銅鐸はさらに大きくなるが、3世紀になると製作されなくなり、銅鐸祭祀は墳丘墓祭祀に変わった。

その時期は邪馬壹国が卑弥呼女王の時代、即ち下鈎遺跡の初期にあたるもので、神祀りに失敗した前代を見直し、東西双方で始まっていた王や首長の墳丘墓祭祀を導入し、連合の絆を深める狙いがあったのであろう。

ただし、銅鐸の製作は中止しても銅鏡・銅鏃や各種銅器の製作は継続され、終末期に至るまで鉄器加工を上回る状況が続いていた。

加工原材料である青銅器が時代遅れとなって安く手に入り、

優秀な技術を持った青銅鍛冶師が近畿に移住したからに他ならないであろう。

近畿の進化した技術的レベルからすると、鋳造物の大型化や模様付けが容易で、大量生産にも合致するものであったことが窺われる。

古墳時代に盛行した銅鏡にしても、型押しを行う原盤さえあれば大概のものは製作可能で、工房は互いに腕の良さを競っていたとみられるので、舶載鏡と仿製鏡を分ける意味がなくなったという指摘は的を射ている。

（3）近畿式銅鐸と三遠式銅鐸

銅鐸は豊穣を龍蛇神（水神）に祈願し感謝するための祭祀具とみられ、当初は神を呼び寄せるため舌（ぜつ）を使って鳴らしていたが、後代には神の化身とみて祈りを捧げる対象物となった。

洪水や干ばつによって食糧難になると、銅鐸の神力が失くなったとして埋納し、新しいものを購入していたことは既述のとおりであるから、埋納が多い地域ほど災害が多かったということになる。

一方、銅剣・銅矛・銅戈は災いをもたらす邪気を打ち払うため、シャーマンが神祀りに使う祭祀具であった。中国・四国地方ではこれらを銅鐸と組み合わせて使用した集落がみられ、西と東の双方から異なった風習が伝播し混用していた。

近畿式と三遠式の埋納銅鐸 24 個の出土があった近江湖南の大岩山遺跡（野洲市）は、近江富士と称される三上山の麓にあり、周辺には多くの墳墓群もあって一帯が聖地とされていたのであろう。

図 2-21　大岩山の銅鐸
（守山弥生遺跡研究会「野洲川下流域の弥生遺跡」より引用）

銅鐸の縁に突起状の耳付きのものが近畿式で、付いていないのが三遠式とされてきた。琵琶湖水運で邪馬壹国を支えた下長遺跡（守山市）から、切り落とされた耳の部分だけが出土した。

耳は単なる飾りではなく龍をシンボル化した龍神の化体とみられ、耳無しは蛇神を化体していたと思われる。

龍神は畑作が多い中国華北に起源があり、雲が沸いて降雨をもたらす水神であるのに対し、蛇神は水田が多い中国華南に起源があり、山に降った雨水が低地の地下から湧水をもたらす水神であった。

倭国では縄文時代から蛇の土偶を用いた山の神信仰があり、これが弥生時代に龍蛇神や犬猪神の信仰と結び付いて『記紀』神話ができたとされる。

近年の埋納出土銅鐸の調査によれば、意外なことに発見地と製作地は予想外に離れており、なぜか遠方で作られたものが使われていた。

各地の集落や集落連合では洪水や干ばつが起きたとき、銅鐸・銅剣等の神器に神力が失くったとみて山稜地に埋納し、新たに作ったものを手に入れ祭祀に用いることが行われていたようである。

ところが、新品に替えても災害に伴う食糧難が続けば、製作した神器に神力を付与したシャーマンが呪いをかけたのではないかという強い怒りと疑いを持つようになったとみられる。

民人が押しかけて抗議と責任追及が始まり、当面の食糧を分け与えることできなければ、神の意思に沿わなかった者として抹殺される恐れがある。

そのため、神器の供与はあえて遠方に行われていたと解される。遠ければ責任追及の行動が取れないことを製作者はわかっていた。つまり、『倭人伝』が言うところの「鬼道ヲ用イテ衆ヲ欺ク」である。

8節　墳墓事例

近江の首長層にみられる弥生後期前半の墓制は大型方形周溝墓であったが、後半になるとこれに突出部が付き、終末期になると円形周溝墓がみられる。

なお、卑弥呼女王については比叡山の八王子山にあった突出部付円形墳丘墓を白村江の敗戦後に改葬し、壱與女王墓である大和の箸墓古墳に合葬したとみられることは前著で指摘した。

◎凡例（以下各章同様）㊥：内行花文鏡
㋮：方格規矩四神鏡
㋫：双鳳文鏡
㋬：画文帯神獣鏡
㊂：三角縁神獣鏡
四：四隅突出形

①２世紀後半

・綣	（栗東市）	突出部付方形周溝墓
・熊野本	（高島市）	貼石方形墳丘墓

②３世紀前半

・五村	（長浜市）	突出部付円形周溝墓
・鴨田	（　同　）	同
・法勝寺	（米原市）	前方後方形周溝墓
・熊野本	（高島市）	同
・**神郷亀塚**（じんごうかめづか）	（東近江市）	前方後方形墳丘墓

③ 3世紀後半

- 西円寺　(米原市)　円形墳丘墓
- 益須寺　(守山市)　突出部付方形墳丘墓
- 横江　(　同　)　同
- 経田　(　同　)　前方後方形墳丘墓
- 高野　(栗東市)　突出部付方形墳丘墓
- 浅小井高木 (近江八幡市) 前方後方形墳丘墓
- 冨波　(野洲市)　同
- **小松**　(長浜市)　同　(内)1(方)1

④ 4世紀前半

- **西野山**　(　同　)　前方後円墳
- **古冨波山**(ことばやま)　(野洲市)　円墳　㊁1
- **雪野山** (東近江市外)　前方後円墳　(内)1(画)1㊁2
- **安土瓢箪山** (近江八幡市)　同　(双)1

⑤ 4世紀後半

- 皇子山　(大津市)　前方後方墳
- 和邇大塚山 (　同　)　前方後円墳
- 荒神山　(彦根市)　同

(1) 神郷亀塚墳丘墓

標高97m愛知川左岸湖東の平地（東近江市）

3世紀前半の前方後方形墳丘墓（36m）

仕　様：2段築盛、周濠・周庭あり、葺石・埴輪なし、木槨・木棺

副葬品：無し

土　器：埋納破砕（弥生後期後葉〜庄内式期古段階）

没　年：棺の方位北（壬癸）・墳墓の方位北（子）で壬子（232）

被葬者：蚕を分け与えて蚕糸を紡がせ、倭錦の製作を指導した技術者

平地に単独で造られたこの古墳には、盗掘による破壊がみられないのに副葬品が無く、首長のような権力者とはみられない。

破砕土器の多さは盛大な葬儀があった証なので、被葬者は民人から尊敬されていたとみられ、近くにある乎加(おか)神社の主祭神である豊遠迦比売命(とよおかひめのみこと)は、五穀蚕麻の種を民人に分け与えたとされており、被葬者が神格化されたのであろう。

（２）小松墳丘墓

標高 190〜240ｍの湖北丘陵（長浜市）

鍛冶・玉作の工房があった地域

3〜6世紀の古保利古墳群（172基）に所属

3世紀中葉の前方後方墳（60ｍ）

仕　様：2段築盛、葺石・埴輪なし、木棺直葬

副葬品：**内行花文鏡**1・**方格規矩四神鏡**1、鉄刀子等武器類・鉄製ヤス　㊟玉・刀剣が無いのは古墳破壊に

よるものか。

土　器：庄内式近江系土器（壺・高坏・手焙形）

特殊物：**朱丹**

没　年：棺の方位不明・墳墓の方位北（子）で丙子（256）

被葬者：銅鏡や土器からみて伊都国・邪馬壹国系であることは明かで、朱丹生産に関わり、湖北地域を統括ししていた物部氏系の王とみられ、前方後方墳だから狗奴国系とはいえない。

（3）西野山古墳

古保利古墳群（172基）に所属（長浜市）

3世紀末葉～4世紀初頭の前方後円墳（70m）

仕　様：2～3段築盛、葺石あり・埴輪なし

㊟測量のみで未調査

副葬品：不明

土　器：不明

没　年：棺の方位不明・墳墓の方位北北西（亥）で辛亥（291）

被葬者：⑵に続く王で墳形が前方後円形に変化しヤマト王権に従属

（4）古冨波山古墳

標高95〜100m湖南の平地と丘陵地（野洲市）

大岩山古墳群（首長古墳8基）に所属

4世紀前半の円墳（26〜30m）

仕　様：明治時代の開墾で墳丘削平し不明

㊟調査は削平後

副葬品：**三角縁神獣鏡**3（大和の黒塚古墳出土鏡と同范）

土　器：不明

被葬者：飛鳥時代この地域の首長であった安（やす）国造の祖先説が妥当

（5）雪野山古墳

標高304m湖東にある雪野山頂上（東近江市他）

4世紀前半の前方後円墳（70m）

仕　様：前方1段・後方2段築盛、周濠・周庭・埴輪なし、葺石あり、ベンガラ塗り竪穴式石室・コウヤマキ割竹形木棺

副葬品：**内行花文鏡**1・**画文帯環状乳神獣鏡**1・**三角縁神獣鏡**2・三角縁盤龍鏡1、琴柱形石・鍬形石が各1、鉄刀剣等武器武具類・農工漁具類

土　器：土師器（二重口縁壺・東海系壺・布留式甕）

没　年：棺の方位北（壬癸）・墳墓の方位南南西（未）で
　　　　癸未（323）

被葬者：東海系物部氏の首長で市場・各種工房のあった能
　　　　登川水系の石田遺跡（東近江市）、愛知川水系の
　　　　中沢斗西遺跡（同市）の支配者

（6）安土瓢箪山古墳

標高100m湖東の丘陵上（近江八幡市）

4世紀前半の前方後円墳（134m）

4世紀の近江では最も大きい古墳

仕　様：段築・葺石なし、埴輪あり、竪穴式石室・コウヤ
　　　　マキ割竹形木棺（後円部主体）

副葬品：**双鳳文鏡**1・二神龍虎鏡1、鍬形石・車輪石・石
　　　　釧が各1、鉄刀剣等武器武具類・農工具類、**筒型**
　　　　銅器（弁韓由来品で玉仗の握り部分）、管玉

土　器：埴輪（円筒・形象）・底部穿孔壺

没　年：棺の方位北北東（壬癸）・墳墓の方位東南東（辰）
　　　　で壬辰（332）

被葬者：双鳳文鏡副葬により卑弥弓呼男王の孫にあたる
　　　　狗奴国王統で居処は稲部遺跡

古墳規模は地方の王クラスだが、琴柱形石がなく、後円部に竪穴式石室3基と前方部に箱式石棺2基があり、異常な埋葬形式であることから家族が同時期に死去した可能性がある。

三角縁神獣鏡・画文帯神獣鏡といったヤマト王権由来の銅鏡を副葬せず、没年からみると『書記』の崇神紀10年条にある武埴安彦(たけはにやすひこ)王の反乱関係者、あるいは王本人の可能性もある。

4世紀前葉にヤマト王権が交易の主要ルートを難波津(なにわづ)から住吉津(すみよしのつ)に変更する方針を打ち出したこと、奴国・狗奴国系王統を冷遇したことに不満が高じたのであろう。

実際、4世紀後葉になると奈良盆地を貫流し河内潟南部に注ぐ大和川が整備され、和泉に住吉津が設置されたことにより、奈良盆地西南部から南河内・和泉方面の開発が急速に進んだ。

〜〜〜〜〜〜〜〜〜〜〜〜〜〜〜〜〜〜〜〜〜〜〜〜〜〜〜〜〜〜〜〜〜〜〜

【コラム】倭琴を弾いて豊穣祈願

豊穣の祈願に琴を弾いたことを理解するには、後漢代の2世紀ごろから作られた画文帯神獣鏡にある刻象を知る必要がある。この鏡には幸福招来の四神仙象が刻まれている。(琴の名手伯牙(はくが)・男仙人の統率者東王父(とうおうふ)・神話の黄帝(こうてい)・女仙人の統率者西王母(せいおうぼ))

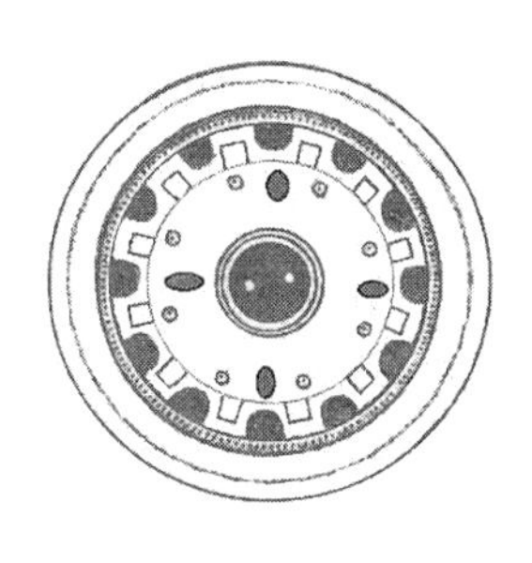

図 2-22　画文帯神獣鏡模式図

古来中国では四季の節目に琴を鳴らし祖先を偲べば豊穣になるとの信仰があり、伝説の人伯牙は琴の名手であったから神仙の一人とされた。

おそらく、卑弥呼はこの信仰に従い北楼観で倭琴を弾いていたのではないか。同様のことは先にみた下長遺跡でも行われていたようである。

また、因幡の青谷上寺地遺跡（鳥取市）からシカとみられる動物の絵を描いた倭琴の板が出土しており、様々なものづくりを通じて交流のあったことが窺われる。

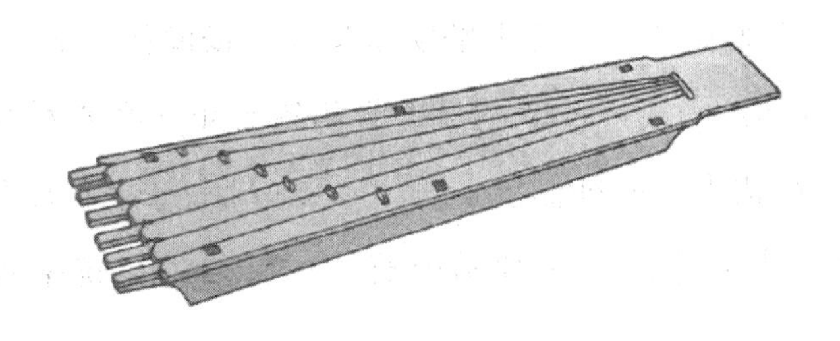

図 2-23　倭琴復原図
（守山弥生遺跡研究会「下長遺跡」より引用）

〜〜〜〜〜〜〜〜〜〜〜〜〜〜〜〜〜〜〜〜〜〜〜〜〜〜〜〜〜〜

3章　大和の動き

1節　唐古・鍵遺跡

1．遺跡の概要

標高45m奈良盆地中央部（田原本町）

弥生の集落（30 ha）

弥生前期後半：水田稲作

中期前半：多重環溝掘削
工房設置（木器・石器・青銅器）
市場設置

中期後半：大洪水により環溝埋没

中期末葉：環溝再掘削
青銅器生産再開

後期前葉：集落衰退
青銅器生産停止

中が空洞の鈴状になった褐鉄鉱にヒスイの大型勾玉2個を入れた珍しい遺物が遺跡から出土している。高価な褐鉄鉱が再生するものと信じて丁寧に埋納し、祭祀を行っていたようである。

こうした褐鉄鉱採集の狙いは、鈴状の鉄資材にあるのではなく、その中に入っている赤茶色の粘土が漢方薬として高く売れるからで、粘土だけを取り出しても価値は無く、褐鉄鉱の中に入った状態で売ることが必要であった。

奈良盆地はそうした褐鉄鉱の産地なので、当時の人々はその採集に熱心だったことを示す遺物であり、これを買い付けた海人は筑前の奴国・伊都国に運び、鉄器や銅器を購入する対価物としていたことが窺える。

2．遺跡の衰退

主力の青銅器工房は既存の銅器を再加工するもので、近畿では摂津の東奈良遺跡（茨木市）に次ぐ生産規模であったとみられる。

この集落が衰退したころから朝鮮では鉄器加工が盛んとなり、筑前の奴国・伊都国もこの動きに追従している。

だが、鉄器資材は銅器資材に比べると価格が高いので、対価とする玉の量産化が必要となり、農閑期に行う戸別内職では足りず、工房を作って専門の工人が仕事にあたるようになった。

その上、各地に市場が増えて各種道具の需要が高まり、鉄器・青銅器・土器・石器・木器・骨角器などの製作も専門の工人が工房で行うという変革が起きている。

開墾はもちろんのこと、農耕をはじめとする各種生業に鉄器を使えば、その効率性の良さは木器や銅器とは比較にならないものの、舶載経費の嵩む近畿や東日本ではまだまだ高嶺の花であった。

3．近江盆地と奈良盆地

この時代に見合う多くの集落や祭祀の遺跡が近江盆地では数多く出土しているのに対し、奈良盆地ではその全般が地下に眠ったままであるという。

それだけでは到底信ずるに足るものではなく、むしろ小規模な青銅器加工が行われるに留まっていたというべきで、これらの遺跡と纒向遺跡の継続性は全くみえてこない。

工人の衣料・食糧は所有主である豪族が与えるものなので、多くの工房が立地するにはそれらの確保が第一に必要な条件となる。

この点、奈良盆地は水に恵まれた地勢とはいえず、土質も固く木器による耕作では効率が悪い。加えて大和の水田稲作の面積は和名抄によれば近江の約半分に過ぎない。

また、近江盆地からみれば水運・陸運に恵まれた地勢条件ともみえず、諸国に設置された市場への供給や買付に適していなかったことは明かである。

2節　纏向遺跡

1．遺跡の概要

標高 70～100m奈良盆地東南部（桜井市）

烏田（からすだ）川と巻向（まきむく）川に挟まれた扇状地

東西約 2 ㎞×南北約 1.5 ㎞

2世紀末葉～4世紀中葉の都市的様相の集落

㊟2世紀末葉・都市的様相の根拠については異説あり

土 器

・在地系：庄内3式・布留0式・布留1式・布留2式

㊟布留0式に異論、庄内式・布留式は併行期の可能性

・外来系：**西瀬戸内・吉備・山陰・播磨・阿波・河内・近江・北陸・東海・関東**

㊟最も多い東海系が約 50%を占めており、東海・近江湖東系物部氏が王権の主役とみられる。

特殊物：**桃の実**

2．辻地区の主要建物

（1）方形区画外

①男弟王執務舎殿（建物1）

大型高床式掘立建物を想定

3×推定5間（推定床 50 ㎡）

②祭祀殿（建物５）

高床式近接棟持柱付掘立建物

1×3間（床23㎡）

㊟壱與女王が死去し王宮が解体された跡地に作られた可能性が高い。

（２）方形区画内

①客殿（建物２）

高床式近接棟持柱付掘立建物

1×3間（床25㎡）

②祭祀殿（建物３）

大型高床式直独立棟持柱付掘立建物

1×3間（床42㎡）

③**大蔵**（建物４）

超大型高床式総柱掘立建物

推定4×4間（推定床238㎡）

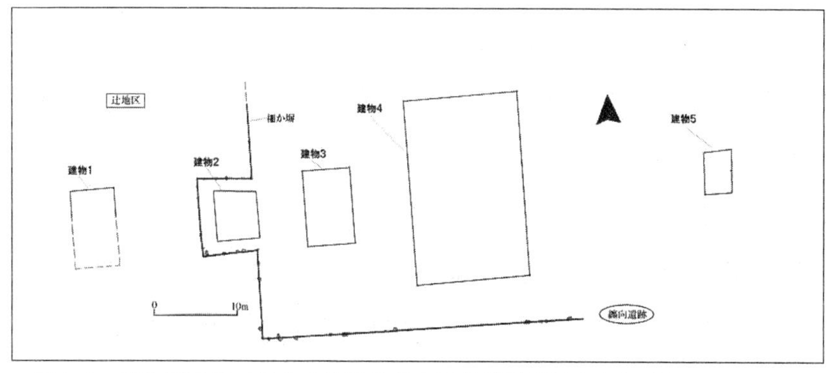

図 3-1　建物配置図（桜井市教育委員会現地説明資料より作成）

3．王の出自

祭祀に桃を使って国の再生を強く願ったことや大蔵のあることは、前章で取り上げた近江の稲葉遺跡と同様で、これまでの王宮ではみられなかったものである。

特に、この遺跡では大蔵が王宮と一体となっており、重要な建物として位置付けられたことがわかる。

稲葉遺跡は戦闘で勝利した卑弥弓呼男王の王宮と想定されたが、敗れて死去した卑弥呼女王は魏から「親魏倭王」に叙された遺産があるので、狗奴国とすれば邪馬壹国を滅亡に追い込むことはできない。

その妥協策として出てきたのが、邪馬壹国を近江から大和に遷し、引き換えに狗奴国は近江の支配権を獲得したのであろう。

したがって、この建物群は内乱の末に卑弥呼と同族で玉作族から選出された壱與女王のとき、即ち嘉平元年（249）のころ、王宮として造営が始まり、翌年には完成したのであろう。

注目すべきは、方形区画外にある男弟王執務舎殿（床 50 ㎡）で、方形区画内にある女王客殿（床 25 ㎡）の 2 倍に大きくなったことである。

また、伊勢遺跡や下鈎遺跡にあった男弟王待機舎殿が無くなっていることも大きな違いで、敗戦によって神事王と政事王の権威・権力が逆転したものと言わざるを得ない。

さらに、巨大な**大蔵**が稲部遺跡と纏向遺跡に同じころできた理由は、並立する連合国家の存在を意味するモニュメントであり、機能としては貢物や下賜品の保管庫であるから、連合加入国に対し貢物や役務の提供を要求できる根拠を可視的に明確化したという意味合いが大きい。

築造の根拠は景元元年（260）魏の元帝が卑弥弓呼男王と壱與女王に同爵位を与え、並立する連合国家を共に外藩国として認めたことにあるとみられ、竣工したのは御間城入彦（みまきいりびこ）が皇太子になったと『記紀』にある甲申（264）である可能性が高い。

もっとも、当時は天皇制度がまだ成立していない時代なので、皇太子就位は改変であり、男弟王に就いたというのが事実であろう。

なお、白村江で敗れた天智帝が多くの反対を押し切って飛鳥から近江に遷都したのは、戦いに敗れて遷国した邪馬壹国がヤマト国ひいては統一連合の生みの親になった、つまり災い転じて福となった故事にあやかろうとしたのではないか。

3節　布留遺跡

標高 70～100m奈良盆地東部（天理市）

大和川支流布留川中流の扇状地

東西約２㎞×南北約２㎞

３世紀半ば以降集落規模拡大

土　器：在地系（３世紀後半～４世紀の布留式）

　　　　外来系（**韓式**）

１世紀末葉近江に邪馬壹国を建国した**物部氏**は、第１次・第２次の倭国大乱のとき、次の３派に分かれて連合の男王権を争ったことが想定された。

①近畿・近江湖南系のグループ

②山陰北陸・近江湖北系のグループ

③東海・近江湖東系のグループ

３世紀中葉以降のヤマト建国期には東海・近江湖東系の物部氏が中心となってこの地に再結集し、鉄器加工や土師器製作の工房を立ち上げて王権を支えたとみられるが、調査地域はごく一部に限定されているため全容は不明である。

なお、「フル」とは「邑（むら）」とか「集落」という朝鮮系の言語なので、南朝鮮から工人を招いて新式の土師器を生産していたのであろう。

4節　菟田野遺跡

標高400〜500m木津川上流芳野川沿い（宇陀市）

２〜３世紀中葉

辰砂採掘の小集落点在遺跡

土　器：外来系（**近江・東海・山陰**）

特殊物：**石臼・石杵**

墳丘墓：方形台状墓・方形墳丘墓

中央構造線が通る大和の宇陀地域は、朱丹の原材料となる辰砂を含む原石があり、３世紀になって方形墳丘墓が集中したのは辰砂採取のため諸国から進出があったことによるとみられる。

菟田野（うだの）遺跡はその代表的なもので、外来系土器の近江は邪馬壹国、東海は狗奴国、山陰は伯耆とみられる。

5節　墳墓事例

①２世紀後半

・別所裏山　（天理市）方形墳丘墓

・黒石10号　（広陵町）突出部付方形墳丘墓

②概ね３世紀前半

・キトラ　　（宇陀市）　方形墳丘墓

・十六面薬王寺（田原本町）円形周溝墓

・太田　　　（当麻町）突出部付方形周溝墓

・瀬田　　　（橿原市）突出部付円形周溝墓

③3世紀後半

・**纒向古墳群**（桜井市）前方後円形墳丘墓他

　＊**ホケノ山**　　前方後楕円形墳丘墓(内)1(画)3

　＊**箸墓**　　　　前方後円墳

・大王山　　（宇陀市）方形墳丘墓

・能峠南山　（　同　）　同

・平尾東　　（　同　）　同

・見田大沢　（　同　）　同

・蓮華山　　（　同　）方形台状慕

・住川　　　（五條市）突出部付方形墳丘墓

・**西殿塚**　　（天理市）前方後円墳

④4世紀前半

・**メスリ山**　（桜井市）前方後円墳(内)(三)（枚数不明）

・**桜井茶臼山**（　同　）　同　(内)3(方)1(画)1(三)26

・**黒塚**　　　（天理市）　同　　　　(画)1(三)33

⑤4世紀後半

・**東大寺山**　（　同　）前方後円墳

・**島の山**　　（川西町）　同

（1）纏向墳墓群

前章で指摘したとおり、近江から大和に遷国した邪馬壹国は、概ね庚午（250）～庚寅（270）の 20 年間に及ぶ壱與女王の時代をもって終焉となった。

その間、亡くなった女王・男弟王・大夫・首長を埋葬したのが纏向古墳群なので、纏向遺跡全体では大掛かりな土木事業が連年に渡って行われていたことになるが、奈良盆地在住民だけでできるものではない。

3世紀半ばから建国の準備に入ったヤマト王権の海人族が、各地の主要豪族に人役の負担を求め、彼らがその要求に応じたことによって初めてなし得たとみるのが相当である。

応じた地方豪族とすれば、玉の売却や鉄器の取得、新しい商品や情報の入手、貴重な土木技術の体得など負担に見合うメリットがあるで、一方的で理不尽な人役負担とはならない。

中でも、古墳築造の技術は故郷に戻ってから積極的に活用したこと、九州や東北などの遠隔地には指導者を派遣してその普及に努めたことが窺われた。ただし、それを承諾すれば人役に見合う食糧・織布の輸送を定期的に行う必要があるので、海人族の協力が不可欠なものとなる。

外来系土器の多さは出仕に応じた地方豪族の地域を表しているが、吉備（きび）（備中）と山陰（伯耆（ほうき））は3世紀前葉河内に進出していたのでヤマト建国への参加は他より早いとみられ、墳墓築造は備中の土師集団が指導したとみてよいだろう。

①メクリ1号

3世紀後半の前方後方形墳丘墓（28m）

仕　様：葺石・埴輪なし、周濠あり

㊟埋葬施設削平により未確認

土　器：庄内3式～布留0式（周濠から出土）

没　年：棺の方位不明・墳墓の方位北（子）で丙子（255）か戊子（268）

被葬者：出身が近江か東海の首長

②石塚

3世紀中葉のホタテ貝式**前方後楕円形墳丘墓**（94m）

㊟3世紀初頭説あり

仕　様：前方1段・後楕円3段築盛、周濠あり、葺石・埴輪なし　㊟埋葬施設削平により未確認

土　器：布留0式（盛土・周濠から出土）

木　器：鶏形・弧文円板・農具（周濠から出土）

没　年：棺の方位は不明・墳墓の方位は西北西（戌）で甲戌（254）か丙戌（266）

被葬者：遷国した邪馬壹国の大夫

③勝山

3世紀中葉の長柄鏡式前方後円形墳丘墓（115m）

仕　様：周濠あり、葺石・埴輪なし

㊟埋葬施設削平により未確認

土　器：庄内3式～布留0式（周濠から出土）

特殊物：鉄鍛冶炉の**羽口**（周濠から出土）

没　年：棺の方位不明・墳墓の方位西南西（申）で壬申（252）か甲申（264）で後者の可能性が高い。

被葬者：遷国した邪馬壹国の男弟王

④矢塚

3世紀中葉の短柄鏡式前方後円形墳丘墓（93m超）

仕　様：周濠・葺石・埴輪なし、埋葬施設未調査

土　器：庄内3式（導水溝・周濠から出土）

没　年：棺の方位不明・墳墓の方位東北東（寅）で戊寅（258）か庚寅（270）

被葬者：遷国した邪馬壹国の大夫

⑤東田大塚

3世紀中葉のバチ形前方後円形墳丘墓（約120m）

仕　様：周濠あり、葺石・埴輪なし

土　器：布留0式（周濠から出土）、西部瀬戸内系甕棺・東海系甕棺蓋（周濠外側から出土）

没　年：棺の方位不明・墳墓の方位東北東（寅）で戊寅

（258）か庚寅（270）で前者の可能性が高い。

被葬者：遷国した邪馬壹国の男弟王

⑥ホケノ山

3世紀中葉のホタテ貝式**前方後楕円形墳丘墓**（約80m）

㊟4世紀前葉説あり

仕　様：前方1段・後楕円3段、周濠・葺石あり、埴輪なし、竪穴式石槨・コウヤマキ割竹形木槨

副葬品：**内行花文鏡**1・**画文帯環状乳神獣鏡**2・**画文帯同向式神獣鏡**1素環頭大刀1・鉄刀剣等武器類・鉄製農工具類

土　器：東瀬戸内系大型壺・東海系中型壺・加飾壺・東海系二重口縁壺(庄内式)・小型丸底鉢(布留0式)

没　年：棺の方位北北東（壬癸）か南南西（丙丁）・墳墓の方位北北西（亥）で丁亥（267）

被葬者：画文帯神獣鏡が3枚あって災害や疫病の抑制祈願に苦心し、古墳築造に関係した地方が丹後・丹波・東瀬戸内・東海と多いので皇族系とみられ、崇神帝の父である開化帝説が妥当。ただし古墳規模は首長級でシャーマン大王就位は無かった。

⑦箸墓古墳

3世紀後半のバチ形前方後円墳（278m）

仕　様：前方5段・後方4段築盛、周濠・葺石・埴輪あ

り　㊟埋葬施設未確認

土　器：埴輪（周濠から器台形・宮山形・都月形）

壺（周濠から特殊・二重口縁）

没　年：棺の方位不明・墳墓の方位東北東(寅)で庚寅(270)

被葬者：遷国した邪馬壹国の壱與女王

㊟前著で指摘したとおり、白村江での敗戦後近江へ遷都した天智帝は邪馬壹国の痕跡を失くすため湖西の八王子山にあった卑弥呼女王墓を改葬しこの古墳に合葬

（２）西殿塚古墳

標高140m龍王山山麓丘陵地（天理市）

３世紀後葉の前方後円墳（234m）

㊟手白香媛（たしらかひめ）（継体帝の皇后）陵に指定

仕　様：後円の東側３段・西側４段築盛（中央部に棺）

前方の東側１段・西側２段築盛（中央部に棺）

葺石なし、埴輪あり

土　器：埴輪（特殊器台形・特殊壺形・円筒・楕円筒）

没　年：棺の方位不明・墳墓の方位北（子）で庚子(280)

か壬子（292）、後者が妥当

被葬者：後円部の埋葬主体は狗奴国卑弥弓呼男王の後継王。前方部の埋葬主体は王に仕えたシャーマン

建国期のヤマト王権に大きな混乱がなく、短期間で軌道に乗ったことを考慮すれば、狗奴国の王統がヤマト建国に全く関与しなかったということはあり得ない。

卑弥弓呼男王の後継王は壱與女王に次ぐ世代で崇神帝とほぼ同世代となり、ヤマト建国に同意して狗奴国連合王権と美濃・伊勢の支配権を崇神帝に差し出し、見返りに近江が与えられたのであろう。

ヤマト王権は連合王権の継承を顕示し、建国功労者として顕彰するため、古墳をヤマト国に築造させたものとみた。

（3）メスリ山古墳

標高95m大和川上流寺川左岸の丘陵地（桜井市）

4世紀初頭の長柄鏡形前方後円墳（250m）

仕　様：前方2段・後円3段築盛、葺石・巨大円筒埴輪の方形列あり、竪穴式石室（副室付）

㊟大半が破壊され木棺不明

副葬品：**内行花文鏡・三角縁神獣鏡**等の破片、玉仗・腕輪等石製品、膨大な鉄刀剣等武器類（長柄式鉄矛212本含む。）・工具類・農具類、ヒスイ勾玉・碧玉管玉

土　器：埴輪（器台形・朝顔形・巨大円筒）

没　年：棺の方位北北東（壬癸）か南南西（丙丁）・墳墓

の方位東（卯）で癸卯（283）か丁卯（307）、後者が妥当

被葬者：古墳の規模・形状・副葬品からみて皇孫系武人の男弟王で、北陸に派遣された四道将軍の一人安倍大彦命説が妥当

安倍氏は代々北陸に拠点を持ったことから、大彦命は越王（こしおう）神社の祭神となった海人で、先祖は伊都国の役人柄渠觚（へぎこ）を務めた州子潜水漁師の宗像氏系であろう。

4世紀後葉ヤマト王権は弁韓にあった支配地域を失い、鉄材の取得に支障があったことから政権が混迷し、末葉から崇神王朝と応神王朝の2朝並立時代が生じたとみられる。

このとき、累代男弟王として王権を支えてきた安倍氏の力が弱まり、北陸に居た一部の同氏族は越後や出羽に逃亡して蝦夷となった。この後、彼らは長くヤマト王権と敵対するようになり、前九年の役ではその主役を担った。

そのため、この古墳のみならず桜井茶臼山古墳・島の山古墳を皇族のものとは認定しなかったのではないだろうか。

（4）桜井茶臼山古墳

標高100m大和川上流左岸の丘陵地（桜井市）

4世紀初頭説のある長柄鏡形前方後円墳（207m）

仕　様：前方2段・後円3段築盛（後円部空堀に宗像社）
葺石・有孔二重口縁壺の柵列、竪穴式石室・割竹形木棺、石室全体に**朱丹**

副葬品：**内行花文鏡**3・**方格規矩四神鏡**1・**画文帯環状乳神獣鏡**1・正始元年（240）銘鏡を含む**三角縁神獣鏡**26・斜縁二神二獣鏡1・獣帯鏡1・平縁神獣鏡1・他 47 鏡、玉仗・玉葉・腕輪等石製品、鉄刀剣等武器類・工具類・玉類

土　器：有孔二重口縁壺

特殊物：**朱丹** 200kｇ

没　年：棺の方位北（壬癸）・墳墓の方位南（午）で壬午（322）

被葬者：古墳の規模・形状・副葬品からみて皇孫系武人の男弟王で、伊勢・大和の朱丹生産を支配していたとみられ、安倍大彦命の子で東海に派遣された四道将軍の一人武渟川別（たけぬかわのわけ）説が妥当

男弟王なので守護神である日神（太陽神）を祀るため内行花文鏡を保有したことは当然であるが、3枚ともなれば何度も冷害に悩まされたのではないだろうか。

なお、崇神王朝は「入（いり）」王朝で応神王朝は「別（わけ）」王朝とする説があり、男弟王であった武渟川に「別」が付いていることをみれ

ば、安倍氏系がシャーマンの大王位を奪ったということになる。

(5)黒塚古墳

標高87m大和川支流鳥居川右岸の丘陵地(天理市)

4世紀前半の前方後円墳(128m)

仕　様：前方2段・後円3段築盛、葺石・埴輪なし、竪穴式石室・コウヤマキ割竹形木棺

副葬品：**画文帯神獣鏡**1・**三角縁神獣鏡**33、鉄刀剣等武器類・U字形鉄器(大夫が用いた冠帽(かんぼう)の骨)

土　器：土師器

没　年：棺の方位北(壬癸)・墳墓の方位東(卯)で癸卯(343)

被葬者：古墳規模は皇孫の下クラスなので、大夫の一人であった物部十千根(とちね)

(6)東大寺山古墳

標高130m菩提仙川と高瀬川間の丘陵地(天理市)

4世紀後半の前方後円墳(140m)

仕　様：葺石・埴輪あり、粘土槨・木棺

副葬品：金属類249(大刀16・鉄剣16・鉄槍10・鉄鏃70・銅鏃261・巴形銅器7等)、玉類62(勾玉

7・管玉49等）、石類115（鍬形石25・車輪石18・石釧2等）、皮類（短甲1・草摺1）

土　器：埴輪（朝顔形円筒・靫形（ゆぎがた）・甲冑形）

没　年：棺の方位北（壬癸）か南（丙丁）・墳墓の方位南（午）で壬午（382）

被葬者：4世紀後葉忍熊（おしくま）皇子の反乱を鎮圧し応神王朝の創立に貢献した難波根子武振熊（なにわのねこたけふるくま）

副葬品の中に中平(後漢霊帝の184～189年)紀年銘を含む24文字を刻んだ金象嵌花形環頭大刀（長さ110㎝）がある。

大刀は卑弥呼女王が後漢に朝貢して下賜されたものを倭国大乱のとき先祖が手に入れ伝世していた可能性が高い。

武振熊の先租は3世紀前葉に伯耆の物部氏と組んで備中から河内の崇禅寺遺跡に進出した和邇氏系と推定され、第2次倭国大乱で奴国・狗奴国連合に加担し戦利品として奪取したとみられる。

しかし、ヤマト王権に参加したときこのことが漏れないようにするため、大刀の環頭を中国製から倭製に取り換えたのであろう。

（7）島の山古墳

標高48m飛鳥川・寺川間の微高地（川西町）

4世紀末葉説のある前方後円墳（200m超）

仕　様：造り出し・周濠・葺石・埴輪列あり、前方部に竪穴式石室・粘土槨・木棺

㊟後円部破壊により主体埋葬施設不明

副葬品：棺外（滑石勾玉・臼玉・管玉・石製玉杖）

棺内（銅鏡3・碧玉合子・大型管玉・竪櫛・首飾）

棺上（鍬形石21・車輪石80・石釧32、鉄小刀5）

㊟全て前方部の出土物

土　器：埴輪（朝顔形円筒・家形・盾形・靫形）

没　年：棺の方位不明・墳墓の方位北北西（亥）で丁亥（387）か己亥（399）

被葬者：後円部が破壊されているので詳細は不明だが、古墳の規模・形状からみて皇孫系武人で、加賀の石器加工と大和川の水運を支配者した安倍氏系の男弟王で武渟川別の子である豊韓別（とよからわけ）

海人で皇孫でもある安倍氏は累代男弟王の職に就き、大和川の水運を支配していたとみられ、古墳は300m級の大王に次ぐ200m級となる。

なお、安倍氏による加賀の石器加工工房群の支配は4世紀末葉で終わっており、被葬者の死はヤマト王権内で起きた権力抗争による可能性がある。

〜〜〜〜〜〜〜〜〜〜〜〜〜〜〜〜〜〜〜〜〜〜〜〜〜〜〜〜〜〜〜〜〜〜〜〜

【コラム】銅鏡を用いた祭祀

筑前の伊都国など邪馬壹国連合の加入国は、次の２種類の銅鏡を神祀りに使っていたとみられ、墳墓にはこれらの銅鏡が副葬されている。

祭政一致のマツリゴトを基本としていた時代、シャーマン王の守護神は天神（北極星神）で夜間に神事を行い、男弟王の守護神は日神（太陽神）で昼間に政事を行う決まりで、両者は北極星と太陽を刻象した内行花文鏡を保有していた。

また、陰陽五行説によれば洪水や干ばつが起きるのは水神による降雨（陰）と火（日）神による日照（陽）という対抗する神のバランスが崩れることによるという。

①内行花文鏡（ないこうかもんきょう）：昼の太陽と夜の北極星を刻象

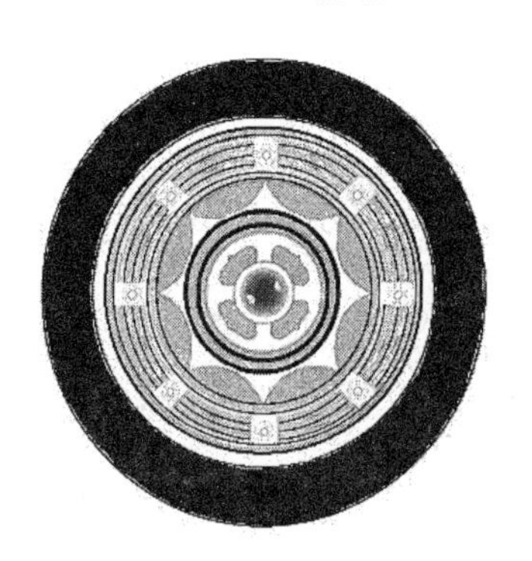

図 3-2　内行花文鏡模式図

②方格規矩四神鏡：「天円地方」の模式図を刻象

図 3-3　方格規矩四神鏡模式図

陰陽のバランスを整えるため四方の神々（水神の青龍・火神の白虎・木神の朱雀・金神の玄武）に祈願する祭祀具として用いられたのが、前1世紀の前漢末期から作られた方格規矩四神鏡である。伊勢遺跡が円形環溝の中に方形区画を設けて王宮を設けたのは、この鏡をヒントにしたものであろう。

〜〜〜〜〜〜〜〜〜〜〜〜〜〜〜〜〜〜〜〜〜〜〜〜〜〜〜〜〜〜〜

4章　諸国の動き

1節　近畿

1．河内

（1）外来系土器の変遷

近江の邪馬壹国にとって、瀬戸内海に直結する河内潟・淀川を抱えた河内は、畿内の表玄関口ともいえる重要な地域であり、どの方面と活発な交流を行っていたのか興味深いものがある。

弥生中期〜古墳早期におけるこの地域の外来系土器を調査した杉本厚典氏によれば、最も多い系統は次のようになるという。（㊟は筆者の解釈）

①中期前葉〜後葉　➡　**紀伊・近江**

㊟紀伊は青銅器加工工房の堅田遺跡（御坊市）があり、近江は東西交通の要衝地で各種工房が営まれ弁韓との交易交流が活発に行われていた。

②中期末〜後期前葉　➡　**中部瀬戸内**

㊟南海トラフ大地震・大津波の被災地に西方から移住者が増え、中部瀬戸内に一旦寄宿し近畿・東海を目指した。

③後期後葉　➡　**近江**

㊟1世紀末葉近江に邪馬壹国が建国された。

④終末期（庄内式旧段階）　　　　　➡　**吉備**

㊟吉備津（きびつ）の海人が朱丹・埴輪用赤土を求めて近畿に進出した。

⑤古墳早期（庄内式新段階・布留式）➡　**東海・山陰**

㊟ヤマト建国に伴い東海（美濃・尾張）・山陰（伯耆・因幡）から移住者があった。

時期を問わず大和系が少ないのは、奈良盆地を貫流する大和川水系の水運利用がまだなかったことによるものである。

ヤマト王権が州子の海人である安曇氏に命じて河内潟南西部を流れていた河川に住吉津（すみよしのつ）（墨江津（すみのえのつ））を設置し、大和川を水運の拠点としたのは4世紀後葉以降のことであった。

それまでの大和は水運に恵まれない地勢であったから、1世紀末葉～3世紀中葉市場の設置による交易で結ばれていた邪馬壹国連合の旗手国であり得るはずがなく、邪馬壹国・ヤマト国同一説の成立する余地のないことがここでも明らかになったといえる。

（2）崇禅寺遺跡

大阪湾に面する河内潟の砂州（大阪市）

3世紀前葉の小規模集落

土　器：外来系（**吉備・山陰**）

特殊物：長刀の柄　㊟近畿では希少

この遺跡の周辺にあった同心町遺跡（大阪市）・森小路遺跡（同）・高宮八丁遺跡（寝屋川市）は、中期末にあった南海トラフ大地震・大津波により壊滅し、集落がなくなった地域である。

吉備・山陰から近畿に移住するための砦的小集落（中継地点）であったとみられるが、彼らがどこから来たのか絞りをかけてみよう。

この時期の近畿進出は、近江の稲部遺跡に淡路島の舟木遺跡から鉄鍛冶工人が移住した時期と重なるので、奴国・狗奴国連合に加担し卑弥呼女王の邪馬壹国に敵対する勢力とみられる。

ただし、第2次倭国大乱後はヤマト建国に協力的であったとみられ、前方後円形の墳丘墓ないしは古墳をいち早く導入していた次の国がこの条件に当てはまる。

①備中

宮山前方後円形墳丘墓（総社市）　3世紀前半（38m）

矢藤治山（やとうじやま）前方後円形墳丘墓（岡山市）3世紀前半（36m）

②伯耆

仙谷9号円墳（米子市・大山町）3世紀後葉（径長不明）

浅井11号前方後円墳（南部町）3世紀末～4世紀初頭（45m）

備中には吉備津の宗形神社（岡山市）、伯耆には**日吉津（ひえづ）の宗形神社**（米子市）があって海人の宗像氏と関係が深く、その中心勢力は朱丹と埴輪の生産を得意としていた吉備津の首長と想定され、彼らは崇禅寺遺跡から近畿に多い辰砂鉱床と埴輪製作に適した赤土のある山を目指したとみられる。

辰砂に恵まれた大和宇陀の谷間では、弥生後期後半～終末期に小集落遺跡が増加し、朱丹生産に必要な石臼・石杵と近江・東海・山陰の外来系土器が出土したほか、方形台状墓・方墳の築造があり、伯耆海人の進出があったことは確かとなる。

2．摂津

（1）墳墓事例

淀川右岸の三島平野は、桧尾川や安威川が形成した扇状地であり、弥生前期から続く大規模集落の安満（あま）遺跡（高槻市）、弥生中期に多くの青銅器鋳造工房が立地していた東奈良遺跡（茨木市）などがあり、ヤマト建国に貢献した海人族の古墳が数多くみられる地域でもある。

①3世紀前半

・天王山4号	（神戸市）	方形墳丘墓
・服部2号他	（豊中市）	円形墳丘墓
・豊島北1号他	（　同　）	同
・魚崎中町SX1	（神戸市）	同
・川除SX1他	（三田市）	同
・成法寺SX1	（八尾市）	同

・鷹塚山　　　　　（枚方市）　　　同

・服部1号　　　　（豊中市）　突出部付円形墳丘墓

・ドンバ1号　　　（枚方市）　　　同

・久宝寺南1号　　（八尾市）　前方後方形墳丘墓

②3世紀後半

・加美14号　　　（大阪市）　前方後方形墳丘墓

・**安満宮山**　　　（高槻市）　長方墳　　　(方)1㊂2

・**西求女塚**（にしもとめづか）　（神戸市）　前方後方墳　(画)2㊂7

③4世紀前半

・**ヘボソ塚**　　　（　同　）　前方後円墳(内)1(画)1㊂2

・処女塚　　　　　（　同　）　前方後方墳

④4世紀後半

・阿保親王塚　　　（芦屋市）　円墳　　㊂2

・東求女塚　　　　（神戸市）　前方後円墳㊂4

（2）安満宮山古墳

標高125m淀川右岸尾根状（高槻市）

3世紀後半の長方墳（18×21m）

仕　様：周濠・葺石・埴輪なし、割竹形木棺直葬

副葬品：青龍3年（235）銘**方格規矩四神鏡**1・**三角縁神獣鏡**2・獣帯鏡2、鉄器、ガラス小玉多数

土　器：不明

被葬者：景初2年（238）に卑弥呼女王が魏へ派遣した正使難升米

墳墓が小規模な長方墳であるにもかかわらず副葬品に魏の青龍3年銘鏡のほか、ヤマト王権が重視した三角縁神獣鏡もある。

古墳名にある安満とは海士（潜水漁師）のことで、海人として倭韓で活躍し伊都国の役人でもあった宗像氏を指しているとみられ、湊津の守護神を祀った安満山は各地に広まった。ただし、その表記は安馬山・安婆山・安波山などと変化している。

（3）西求女塚古墳

標高7m、大阪湾に面した海岸（神戸市）

3世紀後半の前方後方墳（98m）

仕　様：葺石あり・埴輪なし、竪穴式石室（阿波か紀伊の石材）、割竹形木棺

副葬品：**画文帯環状乳神獣鏡**2・**三角縁神獣鏡**7・獣帯鏡2・神人龍虎鏡1、鉄刀剣等武器類・鉄斧等工具類・漁具、碧玉紡錘車

土　器：因幡系土師器・布留式甕

没　年：棺の方位南南東（丙丁）・墳墓の方位西南西（申）で丙申（276）

被葬者：3世紀中葉に因幡の青谷上寺地遺跡から移住した海人の首長

（4）ヘボソ塚古墳

標高25m、住吉川左岸の丘陵地（神戸市）

4世紀前半の前方後円墳（64m）　㊟墳丘削平

仕　様：前方２段・後円２段、葺石あり・埴輪なし、竪穴式石室・割竹形木棺

副葬品：**双鳳文鏡１・画文帯環状乳神獣鏡１・三角縁神獣鏡**２・斜縁神獣鏡１・獣帯鏡１、石釧、コハク勾玉等の玉類

土　器：土師器　㊟須恵器説あり

被葬者：４世紀前葉に奴国か狗奴国から移住した王統でヤマト王権に貢献した首長

3．播磨

播磨は陸路によって山陰と関係が深く、瀬戸内航路の中継基地としても重要な役割を果たしている。

（1）墳墓事例

①３世紀後半

- **吉島**（よしま）　（たつの市）前方後円墳㊁4
- 龍子三つ塚２号　（　同　）円墳
- 丁瓢塚　（姫路市）　前方後円墳

②４世紀前半

- **権現山51号**　（たつの市）　前方後方墳㊁5
- 龍子三つ塚１号　（　同　）　前方後方墳
- 岡ノ山　（西脇市）　前方後円墳

③４世紀後半

・輿塚　　　　　　　（たつの市）　前方後円墳

・伊和中山１号　　　（宍粟市）　　　　同

（２）吉島古墳

標高250m、揖保川中流右岸山頂尾根（たつの市）

３世紀後半（前半説あり）の前方後円墳（30m）

仕　様：周濠・周庭・葺石・埴輪なし、竪穴式石室・朱丹塗り割竹形木棺　㊟明治時代に乱掘

副葬品：**内行花文鏡**１・**方格規矩四神鏡**（伝１）・**三角縁神獣鏡**４・盤龍座獣帯鏡１、ガラス小玉土器：土師器

没　年：乱掘により棺の方位不明、墳墓の方位南南東(巳)で甲辰（284）か丙辰（296）

被葬者：伊都国・邪馬壹国系の海人でヤマト建国に協力し、瀬戸内海航路の重要な寄湊地である御津を統治した首長

（３）権現山51号墳

標高138m揖保川下流右岸山頂尾根（たつの市）

４世紀初頭の前方後方墳（48m）

仕　様：周濠・周庭なし、葺石・埴輪あり、竪穴式石室・コウヤマキ割竹形木棺　㊟明治時代に乱掘

副葬品：**三角縁神獣鏡**5、鉄剣等武器類・工具類、木器、
　　　ガラス小玉・**貝腕輪**
土　器：土師器壺・埴輪（器台形・壺形・都月形）
没　年：棺の方位北北東（壬癸）・墳墓の方位西北西（戌）
　　　で壬戌（302）
被葬者：ヤマト王権の命により瀬戸内海航路の重要な寄
　　　湊地である御津を統治した山陰系海人の首長

4．淡路

淡路島北部にある鉄器工房遺跡は、筑前の須玖遺跡群（春日市）から移住した韓系鉄鍛冶工人の集落、つまり奴国が構築した拠点的鉄器加工工房集落とみられ、当初の狙いは近畿以東の鉄器需要に対応することにあった。

ところが、2世紀後葉近畿を支配していた物部氏の邪馬壹国が男王選定で内乱となっていることを知り、それに乗じて韓系鉄鍛冶工人を奈良盆地に移住させるため河内潟に上陸したとみられる。

だが、思いがけない反撃にあって失敗に終わった。『記紀』にある神武東征失敗譚はこれをヒントに創作されたものであろう。これら一連の争乱が第1次倭国大乱である。

（1）五斗長垣内遺跡

標高200m淡路島北部の山稜地（淡路市）

1世紀中葉～2世紀中葉

鉄器鍛冶工房集落（5ha）

建　物：竪穴式23（うち12が鉄器鍛冶工房）

特殊物：石槌・金床石（かなどこいし）・砥石・鉄斧・鉄鏃・鉄片

㊟須恵器製の羽口が出土していないので鉄鍛冶炉は鞴を使用しない旧式のものであった。

ここで働いていた鉄鍛冶工人は、弁韓から渡来した蘇我氏系とみられ、前1世紀末葉に起きた南海トラフ大地震・大津波の影響が収まった1世紀中葉奴国が淡路島に派遣したとみられる。

それから約1世紀、集落周辺から調達できる森林資源が底を突いた2世紀中葉、同島内の舟木遺跡に移住したのであろう。

（2）舟木遺跡

標高150m淡路島北部の山稜地（淡路市）

2世紀中葉～3世紀初頭

鉄器鍛冶工房集落（40ha）

建　物：竪穴式（方形・円形）の中に鉄器鍛冶工房

㊟現在も調査継続中で住居数（工人数）が五斗長垣内遺跡を大きく上回ることは確実

土　器：祭祀用・イイダコ壺・製塩・甕・壺・鉢他
特殊物：石槌・金床石・砥石・鉄斧・鉄鏃・鉄片・後漢鏡片

鉄鍛冶炉に鞴は未使用であったとみられるが木炭の使用があるので技能はやや進化している。既述のとおり、ここで働いていた韓系鉄鍛冶工人の大和移住は失敗に終わったので、奴国はその轍を踏まないよう移住作戦を用意周到に行って成功したことが窺える。

①移住地を近江湖東の稲部遺跡（彦根市）にある小さな鍛冶集落に変更する。
②美濃の狗奴国にシャーマンの卑弥弓呼男王を送り込む。
③物部氏は４派に分裂しているので山陰北陸系と東海系に協力を要請する。
④邪馬壹国は主力を河内潟周辺に集めて警戒しているので工人集団は熊野灘から伊勢湾に入り、狗奴国の支援を得ながら近江に向かう。なお、工人集団が美濃から近江湖東に向かったとき通った道筋とみられる烏脇春日神社（からすわきしんめい）（滋賀県米原市）に、三本足の烏伝説が残っている。

5．山城

（1）中海道遺跡

標高21m淀川支流桂川右岸の台地（向日市）

3世紀後葉の**屯倉**　㊟中葉説あり

建　物：周溝付大型高床式総柱掘立

4×4間（床69㎡）

特殊物：**鉄の鍛造剥片・砥石**

屯倉を管理していた首長は舶載の鉄器を加工していたヤマト国連合の鉄鍛冶師と想定され、市教委の説明によれば建物は祭祀殿又は居館となっているが、他との比較からみればヤマト王権の屯倉であり、邸閣（高床式掘立建物）・祭祀殿（独立棟持柱付又は近接棟持柱付の高床式掘立建物）・居館（竪穴式建物）は別にあるとみられる。

（2）墳墓事例

①3世紀前半

・芝ヶ原12　（城陽市）前方後方形墳丘墓

・砂原山　　（木津川市）円形墳丘墓

②4世紀前半

・**五塚原**（いつかはら）　（向日市（むこう））　前方後円墳

・**椿井(つばい)大塚山**　（木津川市）前方後円墳(内)2(方)1(画)1(画)32

・平尾城山　（　同　）　同

③4世紀後半

・**元稲荷**　（向日市）　前方後方墳

・**寺戸大塚**　（　同　）　前方後円墳(方)1㊁2

・八幡東車塚　（八幡市）　同

・飯岡車塚　（京田辺市）　同

（3）五塚原古墳

標高70m小畑川左岸丘陵地（向日市）

4世紀前葉のバチ形前方後円墳（91m）

㊟3世紀後半説あり

仕　様：前方2段・後円3段、葺石あり・埴輪なし、竪穴式石室　㊟棺は未調査

副葬品：不明

土　器：不明

没　年：棺の方位東（甲乙）・墳墓の方位北（子）で甲子（304）

被葬者：ヤマト王権の要請に応じ人役を派遣した首長

（4）椿井大塚山古墳

標高約90m木津川中流右岸丘陵地（木津川市）

4世紀前葉のバチ形前方後円墳（175m）

仕　様：周濠・葺石・埴輪なし、竪穴式石室・コウヤマキ割竹形木棺

副葬品：**内行花文鏡**2・**方格規矩四神鏡**1・**画文帯環状乳神獣鏡**1・**三角縁神獣鏡**32・破片銅鏡、鉄刀剣等武器武具類・農工漁具類

土　器：不明

特殊物：10kg超の**朱丹**

没　年：棺の方位北（壬癸）・墳墓の方位西（酉）で癸酉（313）

被葬者：奈良盆地と北山城・旦波（たにわ）を結ぶ要衝地であり、四道将軍の一人とされる丹波道主命（たんばのみちうしのみこと）の父である彦坐王（ひこいます）

（5）元稲荷古墳

標高28m桂川支流小畑川左岸丘陵地（向日市）

4世紀中葉の前方後方墳（94m）　㊟3世紀後半説あり

仕　様：前方2段・後方3段、葺石・埴輪あり、竪穴式石槨・割竹形木棺

副葬品：鉄剣等武器類・刀子等工具類

土　器：讃岐系二重口縁壺・埴輪（器台形・特殊器台形・都月形・壺形）

没　年：棺の方位北（壬癸）、墳墓の方位北（子）で壬子（352）

被葬者：讃岐から進出した鉄鍛冶工人の首長

（6）寺戸大塚古墳

標高80m桂川支流小畑川左岸丘陵地（向日市）

4世紀中葉の前方後円墳（95m）

仕　様：前方2段・後円3段、葺石・埴輪あり、竪穴式石室・割竹形木棺

副葬品

後円部棺：**三角縁神獣鏡**1、石釧・玉類・合子

前方部棺：**方格規矩四神鏡**1・**三角縁神獣鏡**1（椿井大塚山と同笵）・浮彫式獣帯鏡1、**石製玉仗**、鉄刀剣等武器類・工具類、管玉）

土　器：土師器（壺・高坏）・埴輪合子

没　年：前方部棺の方位北（壬癸）・墳墓の方位北北西（亥）で癸亥（363）

被葬者：主体前方部は北山城の武人王、後円部は王に仕えたシャーマン

6．旦波

但馬・丹波・丹後（通称三丹）の３国は律令以前の旦波であり、物部氏の祖先神とされる饒速日命の降臨伝説があり、弥生中期から韓人が渡来して鉄器・ガラス・玉の加工を盛んに行っていたとみられ、近江・北陸・佐渡などに大きな影響があり、楕円墳のあることが特徴的である。

また、日本海交易によって辰韓から手に入れたとみられる長剣・大刀の出土が多く（帯城Ｂ・大風呂南１号の長剣、内場山SX10の素環頭大刀）、三角縁神獣鏡の副葬や王妃の出身地である点からみても、ヤマト王権崇神王朝はこの地域を特に重視していた。

（１）墳墓事例

①２世紀

・帯城Ａ・Ｂ　（京丹後市）方形台状墓
・浅後谷南　（　同　）　同
・金谷１号　（　同　）　同
・赤坂今井　（　同　）　同
・西谷３・４号（与謝野町）　同
・大風呂南１号（　同　）方形墳丘墓
・内場山SX10（丹波篠山市）　同

・妙薬寺	（豊岡市）	方形台状墓	
・立石	（　同　）	同	
②3世紀前半			
・内和田5号	（与謝野町）	方形台状墓	
・白米山北	（　同　）	楕円形墳丘墓	
・太田南2号	（京丹後市）	長方墳	画⃝1
③3世紀後半			
・太田南5号	（　同　）	長方墳	方⃝1
・園部黒田	（南丹市）	**前方後楕円墳**	
④4世紀前半			
・小見塚	（豊岡市）	方形台状墓か	㊂2
・森尾	（　同　）	同	㊂2
・城ノ山	（朝来(あさご)市）	円墳	㊂3
・温江丸山	（与謝野町）	円墳か**楕円墳**	㊂1
・白米山1号	（　同　）	前方後円墳	
・親王塚	（丹波市）	円墳	㊂1
⑤4世紀後半			
・垣内	（南丹市）	前方後円墳	㊂2
・神明山	（京丹後市）	同	
・湧田山1号	（　同　）	**前方後楕円墳**	
・蛭子山1号	（与謝野町）	同	

（2）赤坂今井墳丘墓

標高 50m 竹野川支流福田川右岸丘陵地（京丹後市）

2 世紀後半の方形台状墓（36×39m）

仕　様：周庭・柱列あり、墓上に拳大の石礫と棺 6
　　　　墓裾に棺 19 以上

土　器：在地系（庄内式古段階）
　　　　外来系（**山陰・北陸・摂津・関東他**）

①第 1 主体

仕　様：埋葬槨（14×10.5m）　㊟未調査

②第 4 主体

仕　様：埋葬槨（7×4.2m）・割竹形木棺

副葬品：**頭飾り・耳飾りの玉類**（漢青色を含むガラス勾玉・碧玉管玉・ガラス管玉計 182 以上）、鉄刀剣等武器類

土　器：甕・壺・器台

特殊物：墓外に石杵 1

没　年：方形台状墓のルーツは三韓とみられ、墳墓に方位を意識した干支の応用はみられない。

被葬者：『魏志』韓伝によれば「瓔珠（えいしゅ）ヲ以テ財宝ト為シハ以テ衣ニ綴リテ飾リト為シ、或ハ以テ頸（くび）ニ懸ケ耳ニ垂ル。金銀錦繍ヲ以テ珍ト為サズ」とあるので韓人系の王妃

一説によれば、朝鮮の王墓や豪族墓に埋納された倭製のヒスイ勾玉は、倭国の古墳に埋納された数の3倍を超えるだろうという。玉を装飾物としかみない韓人と、信仰の対象物とみる倭人の違いからくるものであろう。

被葬者は玉作工房を有して独自の交易を行い、広範囲の王と交流交易のあったことが窺われる。

(3) 太田南2号墳

標高80m高野川左岸の丘陵上(京丹後市)

3世紀中葉の長方墳(18×22m)

仕　様:割竹形木棺

副葬品:**画文帯環状乳神獣鏡**1、鉄剣等、木器

土　器:山陰系甕・鼓形器台ほか(庄内式新段階)

没　年:墳墓に方位を意識した干支の応用はみられない。

被葬者:景初2年(238)邪馬壹国が魏に派遣した漢人系通訳の副使都市牛利。5号墳に副葬されていた青龍3年(235)銘鏡の真の所有者

副葬品にある鏡は、2世紀後葉～3世紀前葉に中国四川で製作された呉鏡で、卑弥呼女王が遼東の公孫から下賜されたという指摘がある。

呉国と公孫との間には商人の往来があったので、楽浪郡に呉の作鏡師がいて華南系の神獣鏡はそこで作られた可能性もある。

（4）太田南5号墳

標高80m高野川左岸の丘陵上（京丹後市）

3世紀後葉の長方墳（12×19m）

仕　様：組合式石棺

副葬品：青龍3年（235）銘**方格規矩四神鏡**1、鉄刀（0.59m）1

土　器：土師器（壺・鼓形器台・高坏など）

没　年：墳墓に方位を意識した干支の応用はみられない。

被葬者：上記2号墳の後継者

墳墓が小規模であるにもかかわらず、副葬品の銅鏡が魏の紀年銘鏡であることは、摂津の安満宮山古墳と全く同じである。

鏡は卑弥呼が魏から下賜されたもので、2号墳の被葬者が褒美として与えられ伝世したのであろう。

（5）園部黒田古墳

標高56m大堰川流域の丘陵先端上（南丹市）

3世紀後葉のバチ形**前方後楕円墳**（52m）

仕　様：前方1段・後楕円1段、葺石・埴輪なし、石礫

槨・コウヤマキ木棺

副葬品：双頭龍文鏡 1、管玉、**長楕円形鉄器** 1・鉄鏃

土　器：土師器（庄内式新段階の壺・高坏・器台）

没　年：棺の方位北北東（壬癸）・墳墓の方位北北東（丑）で癸丑（293）

被葬者：ヤマト王権の要請に応じ人役を派遣した首長

丹後・丹波に多い前方後楕円墳は、副葬品にある用途不明の長楕円形鉄器と関係しているのではないだろうか。この鉄器は頭飾りの枠に用いた可能性がある。

7．伊勢

（1）朱丹生産遺跡

伊勢には辰砂があって（多気町・大台町・いなべ市）朱丹生産は縄文時代から続いており、弥生終末期では狗奴国の支配下にあったとみられる。

（2）墳墓事例

①3世紀前半

・女牛谷　（松阪市）　方形墳丘墓

②3世紀後半

・東山　（伊賀市）　楕円形墳丘墓

③ 4 世紀前半

・筒野 1 号　　　　（松阪市）　楕円形墳丘墓㊀2

④ 4 世紀後半

・山神寄建神社　　（伊賀市）　前方後円墳

・向山　　　　　　（松阪市）　前方後方墳

2 節　中部

1．美濃

弥生終末期美濃の荒尾南遺跡（大垣市）を母集落とする砦が南宮山に設置され、山王日枝族の火見師が置かれていたとみられる。その支配者こそが近江の邪馬壹国と激しく敵対していた狗奴国の卑弥弓呼男王となる。

（1）象鼻山 3 号壇

標高 140m 南宮山丘陵南端で牧田川左岸（養老町）

象鼻山（ぞうびさん）古墳群（70 基）に所属

3 世紀前葉の**上円下方形祭祀壇**（70×80m）

㊟ 2 世紀中葉説あり

『晋書』武帝紀泰始 2 年（266）陰暦 11 月の条に「倭人来タリテ方物ヲ献ズ。円丘方丘ヲ南北ノ郊ニ併セ、二至ノ祀リヲ二郊ニ合ワセタリ」とある。

後段の意味は、「中国皇帝の教えに従い二至（夏至・冬至）・二郊（南郊・北郊）の祀りを行っています。」となり、実際この祭祀壇の南と北に後で溝を掘ったことが調査で確認された。

朝貢においてこの報告を行ったのは、戦闘で邪馬壹国の卑弥呼女王に勝利した狗奴国の卑弥弓呼男王となる。

（2）墳墓事例

①2世紀前半

・瑞龍寺山頂　（岐阜市）突出部付方形墳丘墓○内1

②2世紀後半

・加佐美山1号　（各務原市（かかみがはら））　同

③3世紀前半

・**象鼻山墳丘墓群**（養老町）方形墳丘墓他

・観音寺山　（美濃市）前方後方形墳丘墓○方1

④3世紀後半

・**象鼻山1号**　（養老町）前方後方墳○双1

⑤4世紀後半

・矢道長塚　（大垣市）前方後円墳○三3

・花岡山　（　同　）　同　○三1

・**円満寺山1号**　（海津市（かいづ））　同　○三2

・狐山　　（ 同 ）　同　㊁1
・長塚　　（可児（かに）市）　同
・親ヶ谷　（垂井町（たるいちょう））　同

弥生後期前葉までは方形周溝墓が一般的で、①・②は濃尾平野に進出した物部氏系の墳丘墓とみられる。

4世紀前半に首長古墳の築造がみられないのは、3世紀後葉以降即ちヤマト建国期に首長が他国へ移住したことを示唆している。

また、4世紀後半に再び築造されるようになったのは、前半に首長が他国から移住してきたことを反映したものとみた。

（3）象鼻山墳丘墓群

標高100～140m南宮山丘陵南端（養老町・垂井町）
象鼻山古墳群（70基）に所属
3世紀前半の墳丘墓　㊟2世紀後半説あり
対　象：4号（長方形墳丘墓）・5号（方形墳丘墓）
　　　　6号（方形墳丘墓）　・8号（円形墳丘墓）
　　　　9号（方形墳丘墓）　・16号（方形墳丘墓）

南宮山の火見師が同時期に6人もの首長を象鼻山に埋葬したことは尋常な死ではなかったとみえ、想定されるのは疫病死か戦死である。

時期からすれば、第2次倭国大乱で戦死した卑弥弓呼男王の部下で、鉄鍛冶師や舟師などの首長であろう。

（4）象鼻山1号墳

標高142m南宮山丘陵南端（養老町）

象鼻山古墳群（70基）に所属

3世紀中葉～後葉の前方後方墳（40m）

仕　様：前方1段・後方2段築盛、周庭・葺石あり、周濠・埴輪なし、箱形木棺直葬

副葬品：**双鳳文鏡**1・**琴柱形石**（ことじがたいし）3、鉄刀剣等武器類

特殊物：**朱丹入壺**

土　器：土師器（二重口縁壺・S字甕・高坏・小形器台）

没　年：棺の方位北（壬癸）か南（丙丁）・墳墓の方位南南東（巳）で癸巳（273）

被葬者：3世紀前葉～中葉に奴国から狗奴国に送り込まれた卑弥弓呼男王

副葬品の中にある双鳳文鏡は奴国系の鍛冶族であることを示し、琴柱形石3点のうち棺の中にあった2点は従前から支配していた美濃・伊勢の2カ国分を表し、棺上にあったもう1点は

戦闘で勝利した近江を表したものとみられる。

また、朱丹入壺は伊勢（多気町・大台町・いなべ市）・大和（宇陀市）における朱丹生産に関わっていたことが窺われ、『記紀』神話にある須佐之男命のモデルは卑弥弓呼男王で、「須佐」とは朱丹の「朱砂」を指すとの説に合致する。

なお、戦闘に勝利した卑弥弓呼男王の古墳が近江や大和に築造されなかったのは、最後までヤマト建国には同意しなかったことにあるのだろう。

美濃では男王に続く首長墓の古墳築造が4世紀半ばまでみられない反面、近江をみると安土瓢箪山古墳の被葬者が双鳳文鏡を副葬しており、狗奴国の王統とみてよいだろう。

ただし、その没年は壬辰（332）とみられたので、男王が死去した癸巳（273）からみると年齢が離れ過ぎており、間にもう一人の王がいたとみなければならない。

その王は美濃・伊勢の支配権と狗奴国連合王権をヤマト王権に差し出したことに伴い、近江全体の支配権と大和に古墳を築造することが認められたのであろう。

すると、その王の没年は3世紀末葉～4世紀初頭と予想され、古墳の規模は邪馬壹国の壱與女王墓とみた箸墓古墳クラスとなることから、西殿塚古墳（天理市）がその候補として有力となる。

（5）円満寺山1号古墳

標高96m揖斐川支流海津川右岸丘陵地（海津市）

4世紀中葉の前方後円墳（60m）

仕　様：周濠・周庭・葺石なし、埴輪あり、竪穴式石室・割竹形木棺

副葬品：**画文帯求心式神獣鏡**1・**三角縁神獣鏡**2（ヘボソ塚古墳・東之宮古墳・佐味田宝塚古墳と同范）、鉄刀剣等武器類

土　器：土師器（布留1式新段階）

没　年：棺の方位北（壬癸）・墳墓の方位北（子）で壬子（352）

被葬者：ヘボソ塚古墳の被葬者と同系で、4世紀前葉～中葉に因幡から美濃に移住した海人の首長

2．尾張

尾張一宮神社（一宮市）の祭神は尾張物部氏の先祖とされる火明命（ほあかりのみこと）で、筑前の伊都国からこの地に進出したのは2世紀初頭とみられる。

周辺の眺望に優れた美濃金華山に砦（高地性集落の一種）を設置し、山王日枝族の火見師を配置し支配していた可能性が高い。

火見師は遠方の砦と灯火・烽火により連絡し合い、緊急事態

が起これば八王子遺跡（一宮市）の辺りにあった母集落に伝え、人を集めるなどして戦いに備えていたのであろう。隣国の狗奴国とは連合ないしは同盟の関係にあったことが窺える

また、奥津社古墳の三角縁神獣鏡や大和纏向遺跡（桜井市）から出土した尾張系土師器からみて、ヤマト建国には当初から積極的だった可能性が高い。

ただし、墳墓は前方後方形の伝統が深く根付いていたことから、尾張における前方後円墳の築造は4世紀半ば以降に下る。

（1）墳墓事例

①2世紀後半

・土田墳丘墓群　（一宮市）　方形墳丘墓

・山中墳丘墓群　（　同　）　　同

②3世紀前半

・廻間　（清須市）突出部付方形墳丘墓

・山中墳丘墓群　（一宮市）　　同

③3世紀後半

・西上免　（　同　）　前方後方墳

④4世紀前半

・**奥津社**　（愛西市）　前方後方墳　㊂3

・**東之宮**　（犬山市）　　同　　(方)1㊂4

・二ツ寺神明社　（あま市）　前方後円墳

⑤4世紀後半

・青塚茶臼山　（犬山市）　前方後円墳

（2）奥津社古墳

標高2m木曽川下流三角州（愛西市）

4世紀前葉の前方後方墳（推定35m）　㊟前方部削平

仕　様：葺石・埴輪なし

副葬品：伝**三角縁神獣鏡**3（奥津神社所有、椿井大塚山古墳と同范）

土　器：土師器（布留1式中段階）

被葬者：奥津神社に宗像三女神が祀られているので、被葬者は海人の宗像氏族に属していた海部（あまべ）氏

（3）東之宮古墳

標高145m木曽川左岸白山平（はくさんびら）山頂上（犬山市）

4世紀中葉の前方後方墳（67m）

仕　様：前方2段・後方3段築盛、葺石あり・埴輪なし、竪穴式石室・割竹形木棺

副葬品：**方格規矩神獣鏡**1・**三角縁神獣鏡**4（矢道長塚古墳・円満寺山1号墳と同范）・二神二獣鏡1・

四獣鏡１・人物禽獣鏡 4、鉄刀剣等武器類・工具類、硬玉勾玉・碧玉管玉類、石釧等石製品

土　器：土師器（布留１式新段階）

没　年：棺の方位東南東(甲乙)・墳墓の方位東南東(辰)で甲辰（344)

被葬者：伊勢湾や木曽川で活躍した海人の首長

3．遠江・駿河

（1）墳墓事例

①３世紀前半

・**高尾山**　　　（沼津市）前方後方形墳丘墓

②３世紀後半

・蔵王権現神社　（袋井市）前方後方形墳丘墓

③４世紀前半

・新豊院山２号（磐田市）前方後円墳㊀1

④４世紀後半

・北岡大塚　　　（浜松市）前方後方墳

・赤門上　　　　（　同　）　　同　　㊀2

・上平川大塚１号（菊川市）前方後円墳㊀1

・小銚子塚　　　（磐田市）前方後方墳

・松林山　　　　（　同　）　　同

・銚子塚　　　　（　同　）　同
・柚木山神　　　（静岡市）　同
・三池平　　　　（　同　）　同
・午王堂山３号　（　同　）　同

古墳早期では狗奴国連合が進出し、ヤマト王権の本格的な進出は古墳前期中葉となる。

（２）高尾山古墳

標高 12m愛鷹山南東麓台地（沼津市）

３世紀半ばの前方後方形墳丘墓（62m）

仕　様：周溝一部あり、葺石・埴輪なし、舟形木棺直葬

㊟床に朱丹

副葬品：浮彫式獣帯鏡１、丹塗勾玉、鉄剣・鉄槍・鉄鏃・槍鉋

土　器：在地系（大廓式３期小型壺・小型鉢・直口壺・二重口縁壺・高坏・尾張系朱塗壺・S字壺）

外来系（**北陸・近江・西東海・関東**）

没　年：棺の方位東（甲乙）・墳墓の方位北（子）で甲子（244）

被葬者：東海沿岸で活躍した東海物部氏系海人

駿河の沼津は近畿・東海と関東を結ぶ沿岸航路の重要な拠点地で、その地名にもあるとおり、遺跡の近くにかつて大きな干潟沼があり湊津となっていた。

墳丘墓の大きさは王墓級であるが、生前に自分の墳丘墓を築造して神祀りを行っていたとみる説は疑問である。

弥生終末期に愛鷹山が噴火し、その火山灰がこの周辺まで降下したことからみて、噴火を鎮める神祀りを行うため方形祭祀壇を造成したのが230年ごろ、噴火が鎮まりその功績を顕彰するため、祭祀壇を利用して墳丘墓としたのが3世紀半ばとみるべきであろう。

4．信濃

（1）墳墓事例

①2世紀末葉～3世紀前半

- 篠ノ井新幹線地点他（長野市）円形周溝墓群
- 周防畑 B-1・2号　（佐久市）　同
- 安願寺 22・23号　（中野市）　同
- 根塚1・2・3号　（木島平村）　同
- 篠ノ井聖川　（長野市）突出部付方形墳丘墓
- 滝ノ峰1・2号　（佐久市）　同
- 北平1号　（長野市）　同

・安願寺城跡２号　　（中野市）　　同

②３世紀後半

・**弘法山**　　　　　（松本市）前方後方墳

③世紀前半

・姫塚　　　　　　　（長野市）前方後方墳

・高遠山　　　　　　（中野市）前方後円墳

④4世紀後半

・森将軍塚　　　　　（千曲市）前方後円墳㊀1

・川柳将軍塚　　　　（長野市）　　同

弥生終末期の北信では北陸から邪馬壹国連合（円形周溝墓と根塚１・３号墓の長剣）が、南信から狗奴国連合（突出部付方形墳丘墓と前方後方形墳丘墓）が進出し、古墳早期では後者の進出が続きヤマト王権の進出は古墳前期中葉となる。

（２）弘法山墳丘墓

標高653m梓川支流田川右岸丘陵突端（松本市）

３世紀後葉の前方後方墳（66m）

仕　様：周庭・周溝・葺石・埴輪なし、竪穴式石室・木棺直葬

副葬品：斜縁四獣文鏡、鉄剣・鉄鏃・銅鏃・鉄斧・槍鉋、

ガラス小玉多数

土　器：東海系S字口縁底部穿孔壺・高坏・手焙型（新庄内式か古布留式）

没　年：棺の方位東北東（甲乙）・墳墓の方位東南東（辰）で甲辰（284）

被葬者：３世紀中葉に進出した東海物部氏系首長

５．越前

（１）林・藤島遺跡

標高12m九頭竜川中流左岸扇状地（福井市）

２世紀後葉～３世紀の玉作・鉄鍛冶工房の集落

建　物：竪穴式15・布掘式掘立柱４・掘立柱１

玉　作：緑色凝灰岩の管玉、メノウ・ヒスイの勾玉

鉄　器：鉄錐・槍鉋・鑿・刀子など２千点

中期末に南海トラフ大地震・大津波があって瀬戸内航路の湊津が破壊されたため、後期になると日本海航路の利用が高まり、後期中葉では丹後系方形台状墓が、後期後葉になると山陰系四隅突出形墳丘墓が構築されており、山陰物部氏系工人の進出があった。

近江に邪馬壹国が成立した後期中葉から瀬戸内航路が再整備され、その利用が増加すると日本海航路の利用は減少し、山陰

の勢力も弱まった。

（2）墳墓事例

①3世紀前半

・西山3・5号（鯖江市）　方形墳丘墓
・城山1号　（勝山市）　同
・中角SX1号　（福井市）　突出部付方形墳丘墓
・高柳2号　（　同　）　長方形墳丘墓四
・南春日山1号（永平寺町）　同

②3世紀後半

・乃木山　（　同　）　方形墳丘墓
・安保山4号　（福井市）　前方後方形墳丘墓

③4世紀前半

・安保山2号　（　同　）　前方後円墳

④4世紀後半

・安保山1号　（　同　）　前方後円墳
・鼓山　（　同　）　同

6．越中の墳墓事例

①2世紀後半

・杉谷a　（富山市）　方形周溝墓

②3世紀前半

・杉谷a　　　　　（富山市）　円形周溝墓

・鏡坂2号　　　　（　同　）　方形墳丘墓四

・六治古塚　　　　（　同　）　　　同

③3世紀後半

・ちょうちょう塚（　同　）　　方形墳丘墓

・杉谷4号　　　　（　同　）　　　同　　四

・勅使塚　　　　　（　同　）　前方後方形墳丘墓

④4世紀前半

・杉谷一番塚　　　（　同　）　前方後方墳

⑤4世紀後半

・桜谷1号　　　　（高岡市）　前方後円墳

標高50m神通川支流井田川左岸の丘陵にある杉谷a遺跡では方形・円形の周溝墓が混在し、弥生後期後葉～終末期に邪馬壹国が派遣した首長の存在が窺えるほか、隣接してある杉谷古墳群には山陰系の四隅突出形方墳や東海系の前方後方墳があり、ヒスイを手に入れるため各地から進出があった。

7．越後の五千石遺跡

大河津分水路左岸の低地（長岡市）

4世紀中葉～末葉の玉作・鉄鍛冶工房の集落

土　器：土師器（甕・壺・鉢・高坏・器台・蓋・手捏ね）

玉　作：メノウ・ヒスイの勾玉、緑色凝灰岩の管玉・大珠、

石英の白玉

特殊物：鉄鍛冶炉に用いた鞴の羽口

8．加賀・能登

（1）加賀の石器加工遺跡群

所　在：片山津上野・漆町（加賀市）

浜竹松Ｂ・藤江　（白山市）

産　品：管玉・鍬形石・車輪石・石釧・合子・石鏃

３世紀後葉に始まったヤマト王権崇神王朝は石器加工工人を加賀に集め、北陸に多い緑色凝灰岩を大量に加工する工房を設置し、その独占的な支配権を確立している。

その生産量は全国の80～90％に及んだとされ、これを支配していたのが男弟王の安倍大彦命（大和メスリ山古墳の被葬者）であった。

王権の狙いは、産品を各地の豪族に与えて連合の結び付きを強化し、朝鮮との交易を独占して権力基盤を強くすることにある。

ここで働いていた工人は奴婢とみられ、逃亡を防止するため周辺には監視砦（高地性集落の一種）が設置されていた。

（2）能登の万行遺跡

標高 6～10m 七尾湾を望む海岸台地（七尾市）

4 世紀前半の市場・特殊建物のある集落（2.3 ha）

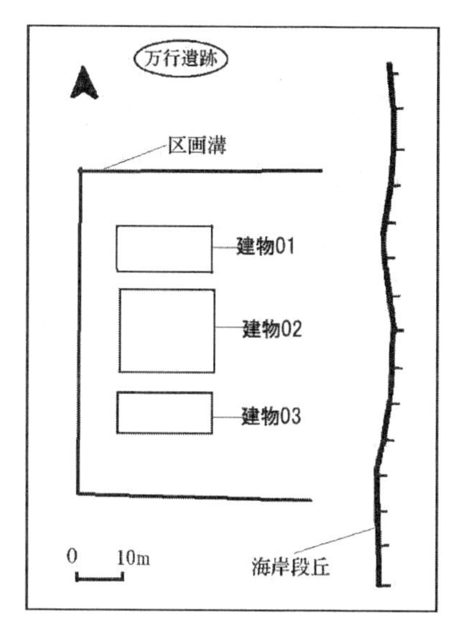

図 4-1　建物配置図
（七尾市教育委員会「七尾市埋蔵文化財発掘調査概報」より作成）

①屯倉 1（建物 01）

当初：2×4 間（床 150 ㎡）超大型高床式総柱掘立建物

建替：3×4 間（床 250 ㎡）超大型高床式総柱掘立建物

②屯倉 2（建物 02）

当初：4×4 間（床 250 ㎡）超大型高床式総柱掘立建物

建替：4×4 間（床 330 ㎡）超大型高床式総柱掘立建物

③屯倉 3（建物 03）

当初：2×4 間（床 150 ㎡）超大型高床式総柱掘立建物
建替：3×4 間（床 250 ㎡）超大型高床式総柱掘立建物

七尾湾はヤマト王権が香嶋津（かしまのつ）という国府津（こうづ）を設けていた所で、北陸・佐渡・越後・出羽など日本海沿岸の北方域にとって最も重要な湊津の拠点であった。

崇神帝が北陸に派遣した将軍の一人とされる安倍大彦命に作らせた**超大型屯倉**で、取引に伴う貢納物や商品の保管庫として利用されるとともに、市場では各地から持ち込まれた産物が集まり、中でも寒冷化気候に欠かせない毛皮は最も重要な取引産品であったとみられる。

（3）墳墓事例

①2 世紀後半

・七ツ塚 1 号　（金沢市）　方形墳丘墓四

②3 世紀前半

・ 一塚 SX21 号（白山市）　方形墳丘墓四

③3 世紀後半

・塚崎 1 号　（金沢市）　方形墳丘墓

・小菅波 4 号　（加賀市）　同

④4 世紀前半

・大槻 11 号　（中能登町）前方後方墳

・雨の宮1号　（　同　）　　同

・国分尼塚1号（七尾市）　　同　(双)1

・徳田燈明山　（志賀町）　前方後円墳

⑤4世紀後半

・秋常山1号　（能美市）　前方後円墳

①は山陰から進出してきた海人の墳墓とみられ、日本海交易で手に入れたとみられる長剣が出土した。

能登は佐渡・越後と並んで邪馬壹国の影響が強かったところだが、④のうち前方後方墳の被葬者については狗奴国関係の首長と王統で、ヤマト王権によって左遷された可能性がある。

3節　関東

1．相模の墳墓事例

①3世紀後半

・秋葉山4号　（海老名市）前方後方形墳丘墓

・秋葉山3号　（　同　）前方後円形墳丘墓

②4世紀前半

・真土大塚山　（平塚市）　形状不明㊁1

・秋葉山1・2号　（海老名市）前方後円墳

・秋葉山5号　　　　(　同　) 方墳

③4世紀後半

・加瀬白山　　　　　(川崎市)　　前方後円墳㊅1㊂1

・長柄桜山1・2号　(逗子市他)　　同

古墳早期の①は狗奴国連合とヤマト国連合が、古墳前期中葉の②はヤマト王権東海勢力とヤマト王権本体の進出がみられる。

2．武蔵の墳墓事例

①概ね2世紀末葉～3世紀前半

・田端西台通2号　(東京都北区) 方形周溝墓

・井沼方9号　　　(さいたま市)　　同

②3世紀後半

・志度川　　　　　(美里町) 前方後方形周溝墓

・三ノ耕地　　　　(吉見町)　　　同

③4世紀前半

・鷺山　　　　　　(児玉町)　　前方後方墳

・諏訪山29号　　 (東松山市)　　同

・宝莱山　　　　　(東京都大田区) 前方後円墳

④4世紀後半

・白山　　　　　　(川崎市)　　前方後円墳　㊂1

・亀甲山　　　　　(東京都大田区)　同

弥生終末期の①は邪馬壹国連合が進出したとみられ、井沼方9号墓出土の長剣は邪馬壹国が派遣した市場管理人の「大市」であった可能性が高い。

古墳早期の②は狗奴国連合が、古墳前期中葉の③はヤマト王権東海勢力とヤマト王権本体の進出がみられる。

3．上野

（1）墳墓事例

①概ね2世紀末葉～3世紀前半

- 日高　（高崎市）　円形周溝墓
- 新保　（　同　）　同
- 有馬5・19号（渋川市）　同
- 下郷　（玉村町）　同

②3世紀後半

- 西大室C-14号（前橋市）　前方後方形墳丘墓
- 公田1号　（　同　）　同
- 堤東2号　（　同　）　同
- 舞台1号　（　同　）　同

③4世紀前半

- 前橋八幡山　（前橋市）　前方後方墳
- 寺山　（太田市）　同

④4世紀後半

- **前橋天神山**　（前橋市）　前方後円墳㊂2
- 蟹沢　（高崎市）　円墳か　㊂1
- 元島名将軍塚　（　同　）　前方後方墳
- 朝子塚　（太田市）　前方後円墳

弥生終末期の①は北信から邪馬壹国連合が進出したとみられ、有馬19号墓出土の長剣は邪馬壹国が派遣した市場管理人の「大市」であった可能性が高い。

古墳早期の②は狗奴国連合が、古墳前期中葉の③はヤマト王権の東海勢力が、古墳前期後葉の④はヤマト王権本体の進出がみられる。

（2）前橋天神山古墳

標高90m広瀬川右岸段丘地（前橋市）

4世紀後半の前方後円墳（129m）

仕　様：周溝一部あり、葺石・埴輪なし、舟形木棺直葬
㊟床に朱丹

副葬品：**三角縁神獣鏡**2（桜井茶臼山古墳と同范）・三段式神仙鏡1・二禽二獣鏡1・変形獣鏡1、素環頭大刀・鉄刀・鉄剣・刀子・鉄鏃・銅鏃、槍鉋・鉄鑿・鉄斧・針状金具針、靫、碧玉紡錘車

特殊物：**朱丹入壺**

土　器：在地系（大椚式３期小型壺・小型鉢・直口壺二重口縁・高坏・パレススタイル壺・S字壺）

外来系（**北陸・近江・西東海・関東**）

没　年：棺の方位南南西（戊己）・墳墓の方位北北東（丑）で己丑（389）

被葬者：４世紀中葉から利根川の水運業に従事した首長

４．上総・下総の墳墓事例

①３世紀前半

・神門３・４・５号（市原市）　突出部付円形墳丘墓

②３世紀後半

・武部30・32号　（木更津市）前方後方形墳丘墓

③４世紀前半

・手古塚　（　同　）　前方後円墳

・坂戸神社　（千葉市）　同

・向台８号　（袖ケ浦市）　前方後方墳

・駒久保６号　（君津市）　同

④４世紀後半

・新皇塚　（市川市）　前方後円墳

・道祖神裏　（君津市）　前方後方墳

・飯籠塚　　　　　（　同　）　前方後円墳
・姉崎天神山　　　（市原市）　　同
・今富塚山　　　　（　同　）　　同

舟がないと渡れない土地柄であり、中でも上総は相模と常陸を結ぶ舟運の要衝地であり、神門古墳群の近くに邪馬壹国が市場を設置していた可能性が高い。

弥生終末期の①は邪馬壹国連合が、古墳早期の②は狗奴国連合が、古墳前期中葉の③はヤマト王権の東海勢力とヤマト王権本体の進出がみられる。

5．常陸

土浦市の辺りは霞ケ浦に面した舟運の要衝地であり、『倭人伝』にある辺境の「奴国」とみられる。邪馬壹国やヤマト王権がこの地を重視したのは、寒冷化気候に欠かせない毛皮が東北地方との交易によって得られたことにあるのだろう。

（1）原田北遺跡

2世紀の集落（土浦市）

土　器：外来系（**北関東系**＝邪馬壹国連合・**東海系**＝狗奴国連合・**東北系**）

特殊物：62号住居から長刀（直刀）

㊟長刀保持者は首長で邪馬壹国が派遣した市場管理人の「大市」であった可能性が高い。

（２）八幡脇遺跡

４世紀前半の玉作集落（土浦市）

玉　作：久慈川・玉川産のメノウ加工

特殊物：武蔵の荒川上流産研磨用砥石、鉄鍛冶炉に用いた鞴の羽口

㊟ヤマト王権が派遣した首長であった可能性が高い。

４節　中四国

吉備津は瀬戸内航路の重要な中継基地であるとともに、河川下流域は稲作栽培と漁業が盛んで食糧に恵まれていた。

１．備前

（１）墳墓事例

①２世紀後半

・雲山鳥打１号　　（岡山市）　　方形墳丘墓

②３世紀前半

・みそのお墳墓群　（　同　）　方形墳丘墓

・都月坂2号　（　同　）　同

③3世紀後半

・**浦間茶臼山**　（　同　）　前方後円墳

・**備前車塚**　（　同　）　前方後方墳㊂11

・**七つグロ1号**　（　同　）　同　(双)1(方)1

・操山109号　（　同　）　前方後円墳

・網浜茶臼山　（　同　）　同

④4世紀前半

・長尾山　（備前市）　前方後円墳

・花小路山　（　同　）　同

・穴甘山王山　（岡山市）　同

⑤4世紀後半

・新庄天神山　（備前市）　円墳

・牛徳天神山　（岡山市）　前方後円墳

・神宮寺山　（　同　）　同

・秦茶臼山　（　同　）　同

（2）浦間茶臼山古墳

標高24m吉井川右岸低丘陵地（岡山市）

3世紀後葉のバチ形前方後円墳（138m）

㊟ 箸墓古墳の2分の1

仕　様：前方部１段・後円部３段、葺石・埴輪あり、竪穴式石室・割竹形木棺（推定）

副葬品：細線式獣帯鏡1、鉄刀剣等武器武具類・工具類、玉類

土　器：埴輪（器台形・壺形・都月形）

没　年：棺の方位北北西（壬癸）・墳墓の方位東北東（寅）で壬寅（282）

被葬者：ヤマト建国のとき人役を派遣した首長

（３）備前車塚古墳

標高138m百間川右岸山頂（岡山市）

３世紀後葉の前方後方墳（48m）

仕　様：周濠・周庭・埴輪なし、葺石あり、竪穴式石室・割竹形木棺

副葬品：**内行花文鏡**１・**画文帯同向式神獣鏡**１・**三角縁神獣鏡** 11、鉄刀剣等武器類

土　器：不明

没　年：棺の方位北（壬癸）・墳墓の方位東（卯）で癸卯（283）

被葬者：前方後方形で埴輪の供献がないものの三角縁神獣鏡の枚数が多いので、吉備の動向を監視する

ためヤマト王権が派遣した東海か近江の物部氏系首長

（4）七つグロ1号墳

標高70m旭川右岸丘陵上（岡山市）

3世紀後葉の前方後方墳（45m）

仕　様：周濠・周庭なし、葺石不明・埴輪あり、竪穴式石室・割竹形木棺

副葬品：**双鳳文鏡**1・**方格規矩四神鏡**1、鉄刀剣等武器類・工具類、碧玉管玉1

土　器：埴輪（器台形・壺形・都月形・異形）

没　年：棺の方位北（壬癸）・墳墓の方位北（子）で壬子（292）

被葬者：左遷された奴国か狗奴国の王統

2．備中

弥生終末期の墳丘墓は古墳築造の技術面はいうに及ばず、墳丘上の埴輪に託した精神文化面においても古墳時代の先駆けとなるもので、ヤマト国に及ぼした影響は極めて大きい。

（1）墳墓事例

①2世紀後半

・立坂　　　　　（総社市）　突出部付円形墳丘墓

・楯築　　　　　（倉敷市）　双方中円形墳丘墓

②3世紀前半

・郷境墳墓群　　（岡山市）　方形墳丘墓

・鯉喰神社　　　（倉敷市）　　　同

・夫婦岩　　　　（　同　）　　　同

・金敷裏山　　　（井原市）　　　同

・殿山墳墓群　　（総社市）　　　同

・**矢藤治山**　　　（岡山市）　前方後円形墳丘墓[illegible]1

・**宮山**　　　　　（総社市）　　　同

③3世紀後半

・**中山茶臼山**　　（岡山市）　前方後円墳

・矢部大グロ　　（倉敷市）　　　同

④4世紀前半

・尾上車山　　　（岡山市）　前方後円墳

・展望台　　　　（総社市）　　　同

・秦大グロ　　　（　同　）　　　同

⑤4世紀後半

・小盛山　　　　（倉敷市）　造出付円墳

・天王山　　　　（　同　）　前方後円墳

・井山　　　　　（総社市）　　　同

（2）矢藤治山墳丘墓

標高 84m足守川と笹ケ瀬川間丘陵尾根（岡山市）

3世紀前葉のバチ形前方後円形墳丘墓（36m）

㊟箸墓古墳のモデル古墳

仕　様：葺石・埴輪あり、竪穴式石室・箱形木棺

副葬品：**方格規矩四神鏡**1、鉄斧（棺外）、獣形勾玉・ガラス小玉

土　器：埴輪（矢藤治山形特殊器台・特殊壺）

特殊物：網状炭化物　㊟棺に掛けた織布か

没　年：棺の方位北（壬癸）・墳墓の方位北北東（丑）で癸丑（233）

被葬者：埴輪を製作していた土師集団の首長

（3）宮山墳丘墓

標高 38m高梁川左岸の丘陵上（総社市）

㊟地名の三輪は御輪＝埴輪の意味

3世紀前葉の前方後円形墳丘墓（38m）

㊟ 箸墓古墳のモデル古墳

仕　様：竪穴式石室・箱形木棺　㊟赤色顔料散布

副葬品：飛禽鏡1・鉄刀剣等武器類・ガラス小玉

土　器：埴輪（宮山形特殊器台・特殊壺）

没　年：棺の方位東（甲乙）・墳墓の方位東北東（寅）で
甲寅（234）

被葬者：古墳の近くに宮山窯跡（弥生土器・土師器・羽口の出土）があるので、埴輪を製作していた土師集団の首長

（4）中山茶臼山古墳

標高140m足守川と笹ケ瀬川間山塊頂上（岡山市）

3世紀末のバチ形前方後円墳（130m）

仕　様：前方2段・後方2段、周濠・周庭なし、葺石不明・埴輪あり　㊟槨・棺は未調査

土　器：埴輪（器台形・都月形）

没　年：棺の方位不明・墳墓の方位北（子）で庚子（280）か壬子（292）

被葬者：宮内庁により大吉備津彦命（おおきびつひこのみこと）墓に指定

3．出雲

辰韓と交流があって鉄器加工技術が進んでおり、玉作にも優れた技術力を有し北陸や南東北の会津にも進出し独自の勢力圏を築いていた。

この技術力を活用するため、ヤマト王権は原石の産地である

花仙山周辺の玉作工房群を直接支配するようになり、その生産は平安時代まで続いている。

（1）玉作工房遺跡群

宍道湖の南東花仙山の周辺（松江市）

3世紀～10世紀の玉作工房群

主要遺跡：宮垣・宮ノ上・玉ノ宮など多数

主要産品：碧玉（勾玉・管玉・丸玉）、メノウ（勾玉）、水晶（勾玉・丸玉・切子玉）、滑石（臼玉・有孔円盤・子持ち勾玉）

花仙山は多様な玉の原石産地でその採取加工は弥生終末期に始まり、古墳前期になると玉作工房が飛躍的に増加し一大産地となった。

ヤマト王権が直接支配したことによるもので、厳しいノルマが課されていたのは加賀の石器加工と同様であろう。ただし、加賀は古墳前期末に終焉となったが、出雲は平安時代に至るまで継続している。

（2）墳墓事例

①2世紀前半

・西谷1・2号　（出雲市）　長方形墳丘墓四

②２世紀後半

・宮山４号　　　（安来市）　長方形墳丘墓四

③３世紀前半

・**西谷**3·4号　　（出雲市）　長方形墳丘墓四

・仲仙寺９・10号（安来市）　方形墳丘墓四

④３世紀後半

・西谷９号　　　（出雲市）　長方形墳丘墓四

・安養寺１号　　（安来市）　　　同　　四

・塩津山１号　　（　同　）　　　同

⑤４世紀前半

・大成　　　　　（　同　）　長方形墳丘墓㊂1

・**造山**（つくりやま）1号　（　同　）　　　同　　(方)2㊂1

・**神原神社**（かんばら）　（雲南市）　　　同　　㊂1

⑥４世紀後半

・造山３号　　　（安来市）　長方形墳丘墓

西部と東部に２大豪族勢力がおり、弥生後期後葉に銅鐸・銅剣等祭祀から鉄剣・鉄刀祭祀に移行し、古墳前期になって銅鏡祭祀がみられるようになった。

他方、古墳については古墳前期になっても前方後方墳や前方後円墳への移行がみられないので、伯耆・因幡とは対照的である。

ただし、時代の経過に従って墳形が変化したほか、ヤマト王権のテコ入れによる三角縁神獣鏡や方格規矩鏡を副葬した首長がおり、対応に変化が生じた。

（3）西谷3号墓

標高40m揖斐川下流左岸台地（出雲市）

3世紀前半の四隅突出型長方形墳丘墓（38×40m）

仕　様：葺石あり、周溝・埴輪なし、土坑・木槨・木棺（朱丹敷詰め）、墳丘上に埋葬施設8基と四阿（あずまや）

副葬品：鉄剣1、紺青ガラス勾玉2・碧玉管玉47・ガラス小玉100以上

土　器：在地系（特殊器台・鼓形器台・壺・坏）

外来系（**山陰・北陸・吉備**の供献）

被葬者：出雲西部を支配した王と家族

（4）造山1号墳

標高40m田頼川下流左岸荒島丘陵（安来市）

4世紀前半の長方墳（50×60m）

仕　様：片側2段築盛、周溝なし・葺石あり・埴輪なし、竪穴式石室・木棺

副葬品

第1石室：**方格規矩鏡**1・**三角縁神獣鏡**1、鉄剣1・鉄刀1、ガラス管玉2

第2石室：**方格規矩四神鏡**1、鉄剣1・鉄刀1・刀子1、石製紡錘車1

土　器：土師器

特殊物：朱丹塊

被葬者：出雲東部を支配した王と家族

（5）神原神社古墳

標高10m揖斐川支流赤川左岸平地（雲南市）

4世紀前半の長方墳（25×29m）

仕　様：周溝あり、葺石・埴輪なし、竪穴式石室・割竹形木棺

副葬品：景初3年（239）銘**三角縁神獣鏡**1、素環頭大刀1・大刀1・鉄剣1、武器類・農工具類

土　器：土師器（壺・甕・器台）

特殊物：ベンガラ

被葬者：ヤマト王権が派遣した武人首長

4．伯耆・因幡

指導者層に男王の邪馬壹国を支えた山陰物部氏系がおり、ヤ

マト建国にも積極的な貢献があった。

（1）妻木晩田遺跡

標高90～150m妻木川左岸丘陵（米子市・大山町）

前2～後3世紀後半の巨大集落

㊟鉄器鍛冶工房があって鉄器が豊富

建　物：竪穴式450・掘立510

特殊物：舟に使った有溝石錘

墓　域：洞の原地区　1世紀後半～2世紀前半

仙　谷　2世紀後半～3世紀初頭

松尾頭　3世紀前葉～3世紀中葉

仙　谷　3世紀後葉

男王の邪馬壹国連合加入国とみられ、肥前の吉野ヶ里遺跡（吉野ヶ里町・神埼市）の3倍の広さを持つ遺跡であるが、古墳早期に突然消滅した。

集落を支配していた豪族は物部氏系とみられ、寒冷化に伴う小規模海退があって、弥生終末期～古墳早期に近畿・西東海へ大挙移住した可能性が高い。

（2）青谷上寺地遺跡

標高6m勝部川右岸平野（鳥取市）

前4世紀～後3世紀後半の集落（5.5 ha）

㊟豊富な遺物と碧玉管玉の工房

出土物：木製容器（多種多様）

人骨（100体以上）

人の脳（3人分）

殺傷人骨（100点以上）

獣骨（猪・鹿・犬・狸・狐・穴熊）

農工漁具（骨格釣針・青銅鏃・マタタビ蔓籠）

板絵（倭琴にシカ・板に船団）

顔料（緑色）

男王の邪馬壹国連合加入国とみられ、3世紀後葉に突然消滅したことは妻木晩田遺跡と全く同じで、集落を支配していた豪族は物部氏系とみられ、寒冷化に伴う小規模海退があって弥生終末期～古墳早期に近畿・西東海へ大挙移住した可能性が高い。

（3）墳墓事例

①2世紀

・**宮内1・2号**（湯梨浜町）　方形墳丘墓四

②3世紀前半

・西桂見　　　（鳥取市）　方形墳丘墓四

③3世紀後半

・徳楽　　　　　（大山町）　長方形墳丘墓四

・**仙谷8・9号**　（　同　）　方形周溝墓

④4世紀前半

・**浅井11号**　　（南部町）　前方後円墳画1

・普段寺1号　　（　同　）　　同　　㊂1

・**国分寺**　　　（倉吉市）　前方後方墳双1㊂1

⑤4世紀後半

・六部山3号　　（鳥取市）　前方後円墳

・本高14号　　（　同　）　　同

（4）宮内1・2号墓

標高53m伯耆東部の東郷池東丘陵（湯梨浜町）

2世紀の四隅突出形方形墳丘墓

特殊物：1号墓（0.94mの鉄剣1・鉄刀4）

　　　　2号墓（1.07mの鉄刀1・鉄刀1）

　　　　㊟長刀・長剣は辰韓の遺跡に多いので日本海交易で手に入れたとみられ、短剣・短刀はこれを分割加工したもの。

（5）仙谷8・9号墓

妻木晩田遺跡内（大山町）

3世紀後葉の周溝墓

8号墓：山陰では珍しい方形周溝墓に石槨棺

9号墓：山陰では珍しい円形周溝墓

被葬者：ヤマト建国に積極的だった遺跡終末期の首長

（6）浅井11号墳

標高60m日野川左岸中流丘陵地（南部町）

4世紀初頭の前方後円墳（44m）

仕　様：周濠・葺石・埴輪なし、竪穴式石室

　　　　㊟盗掘があって棺不明

副葬品：**画文帯神獣鏡**1、鉄剣片

土　器：土師器片

没　年：棺の方位西（庚辛）・墳墓の方位西南西（申）で

　　　　庚申（300）

被葬者：ヤマト建国に貢献した物部氏系の首長

（7）国分寺古墳

標高40m国分寺川左岸台地（倉吉市）

4世紀前半の前方後方墳か（推定50m）

仕　様：周濠・葺石・埴輪なし、粘土槨・木棺

　　　　㊟江戸時代に相当部分破壊

副葬品

第1主体：**双鳳文鏡**1・**三角縁神獣鏡**1・二神二獣鏡

1、鉄剣3～4・刀子1、農工具類

第2主体：鉄剣1・鉄鏃1

土　器：不明

被葬者：奴国か狗奴国の王統でヤマト王権によって左遷された首長

5．讃岐の墳墓事例

①3世紀後半

- 鶴尾神社4号（高松市）　前方後円形墳丘墓
- 丸井　（さぬき市）　同
- 野田院　（善通寺市）　同

②4世紀前半

- 奥3号　（さぬき市）　前方後円墳㊂1
- 西山　（多度津町）　同　㊂1

③4世紀後半

- 茶臼山　（高松市）　前方後円墳
- 石船塚　（　同　）　同
- 岩崎山　（さぬき市）　同
- ハカリゴーロ（坂出市）　同

弥生終末期から吉備・播磨の影響を受け、積石塚による前方後円形墳丘墓が造られた。ただし、墳丘や棺の方位取りはヤマト王権が採用した陰陽五行説に基づく前方後円墳とは異なっており、方位から被葬者の没年を推定することができない。

6．阿波

阿波と筑前の伊都国は海人を通じて弥生中期から交流があり、阿波で朱丹生産を担っていたのは忌部氏の先祖であったとみられる。

伊都国は中期末葉に起きた南海トラフ大地震・大津波の直後に、鉄鍛冶師らの工人を阿波に送り込み辰砂の採取を行っていた。それが困難となった弥生終末期になると紀伊や大和に転進したことが推定された。

（1）若杉山遺跡

標高150m前後那珂川中流右岸段丘地（阿南市）

前5世紀～3世紀前半の**辰砂**採取地

（2）加茂宮ノ前遺跡

若杉山遺跡の北東5㎞（阿南市）

標高70m那珂川中流右岸段丘地

前1世紀末葉～3世紀前半の**朱丹**精製・鉄器鍛冶の工房

建　物：竪穴式20、うち10が鉄器鍛冶工房

出土物：石槌・金床石・砥石・石鏃・石製紡錘車、槍鉋、刀子、ガラス玉・管玉、**辰砂・石杵・石臼**

（３）墳墓事例

①３世紀前半

・萩原１号（鳴門市）　前方後円形墳丘墓

②３世紀後半

・西山谷　（　同　）　前方後円形墳丘墓

③４世紀前半

・宮谷　　（徳島市）　前方後円墳㊁1

・八人塚　（　同　）　　　同

・前山１号（石井町）　　　同

弥生終末期から讃岐の影響を受け、積石塚による前方後円形墳丘墓が造られた。

５節　九州

１．交易交流

（１）遺跡実年代の学説対立

古来、大陸文化の受け入れなど交易交流の窓口となってきた筑前では、弥生中期に奴国（博多湾東部地域）と伊都国（博多湾西部から糸島の地域）が成立している。

ところが、奴国の中心遺跡で当時のテクノポリスと称される須玖遺跡群では、土器、ガラス玉と鋳型、銅剣と鋳型、銅鏡と鋳型、甕棺墓など出土物は豊富であるにもかかわらず、その実年代は紀元前２世紀説と紀元後３世紀前葉説に分かれるという極端な論争が起きた。

事は後漢の中元２年（57）・永初元年（107）における倭の朝貢に関わるばかりか、志賀島から出土した金印の読み方（漢ノ委奴ノ国か漢ノ委ノ奴ノ国か）あるいはその真贋にも影響のある重大な論争である。

だが、現在では調査研究資料が蓄積され、日韓双方の調査資料を比較検討する研究も進み、かつての論争は終息しつつある。

（２）調達燃料の限界

須玖遺跡群が弥生中期に栄えていたとみれば、鍛冶工房群が燃料として周辺地域から調達可能な松材などは、100 年程度で限界となることは丹後の工房集落事例から見ても明らかなことである。

したがって、同工房群は後期になると森林確保のため移転を余儀なくされ、衰えたとみなければならならない。

そのため、後期の伊都国・奴国では主として朝鮮との交易窓口を担い、銅器や鉄器の鍛冶工房群は他の国に分散する分業体制とし、これらの国々と連合を組む必要に迫られた。

（3）連合の崩壊と再構築

近畿への進出にあたっては先発していた伊都国・邪馬壹国連合の動きを探るため、奴国は淡路島に鉄器鍛冶工房を設置し、提携先として西東海の狗奴国を選んだことは意味深長である。

奴国は伊都国の東方にあるが、狗奴国も邪馬壹国の東方にあり、東方に長く伸びている倭国では未開地の情報がより早く手に入りやすいという利点があった。

2世紀になって寒冷化気候が厳しさを増し災害が多発すると、被災地は神の御心に沿わなかった土地として惜しげもなく捨て去られ、銅鐸等の青銅器を用いた集落祭祀も終焉を迎えている。

開墾に必要な道具は何といっても鉄器だが、銅鐸などの青銅器加工や青銅器祭祀に固執する邪馬壹国は既に時代遅れとなっていた。

3世紀前葉に奴国は淡路島舟木遺跡（淡路市）の鉄器鍛冶工人を近江湖東の稲部遺跡（彦根市）に移住させたが、美濃を本拠地とする狗奴国と邪馬壹国の対立は深刻となり、10数年間に及ぶ第2次倭国大乱となっている。

この戦闘では狗奴国が勝利したものの、近畿・東海にいた多くの工人が戦死あるいは遠方に逃亡したため、工房が破綻するという悲惨な結果をもたらした。

そのため、韓人が筑前の西新町遺跡に進出し、中四国以東の海人は伊都国や奴国を介さずに交易を行うことが可能となる大転換が起きている。

交易の窓口を担ってきた筑前の首長は仕事が無くなる、あるいは大幅に減少したのは当然のことで、鉄器・銅器・ガラス塊の購入に必要な玉の生産管理においても、ヤマト王権が独占的に支配できる体制に移行された。

瀬戸内海から北九州に至る航路があった豊前・筑前の首長は、ヤマト国連合の一員として生きる以外の道はなくなり、前方後円墳の導入も近畿とほぼ同時期に行われている。

2．筑前・筑後・肥前

（1）西新町遺跡

標高5m室見川河口右岸砂丘地（福岡市）

3世紀半ば～4世紀半ばの集落

建　物：竈（かまど）付竪穴式20超

土師器：馬韓・百済系、弁韓・加耶系、辰韓・新羅系

出土物：**土製鋳型**3（ガラス勾玉用・小玉用）

碧玉（管玉・紡錘車）

土器（製塩用・土錘・イイダコ壺）

石器（石錘・**硯**5）

鉄器（鉄鑿（のみ））

鉄材（板状鉄）

ガラス器（容器片）
銅貨（五銖銭）

伊都国と奴国の間にある砂丘地に韓系渡来人の住む集落ができたのは、第2次倭国大乱が鎮静化した3世紀半ばとみられる。

つまり、大乱によって連合が機能しなくなり、交易交流の役割を担っていた伊都国・奴国が一気に没落したことが背景にあった。

三韓で活躍していた州子の海人にとって交易は生業であったから、倭韓における強固なネットワークを活用することによって対応を急いだとみられる。

（2）藤崎遺跡

西新町遺跡の南西1.2㎞の砂丘地（福岡市）
古墳早期にできた集落・墳墓
①6号方形周溝墓（22×22.5ｍ）
3世紀後半の組合せ式木棺
副葬品：**三角縁神獣鏡**1（備前車塚古墳等と同范）、素環頭大刀・刀子・槍鉋・鉄鏃
被葬者：西新町遺跡の首長
②1号方形周溝墓（大きさ不明）
4世紀中葉の箱式石棺

副葬品：**三角縁盤龍鏡**１（近江雪野山古墳と同范）、素環頭大刀・刀子

被葬者：西新町遺跡の首長

（３）市ノ上東屋敷遺跡

標高１５ｍ筑後川左岸の台地（久留米市）

３世紀後葉〜４世紀初頭の周溝付特殊建物

周　溝：一辺23ｍの正方形

建　物：大型高床式総柱掘立建物２

２×３間（床60㎡）

㊟ヤマト王権の**屯倉**

管理者：筑後川の水運を担った豪族

（４）墳墓事例

弥生期における首長の墳墓は甕棺が多いものの墳丘の形状や大きさに統一性がみられないのは、弁韓（加耶）と同一文化圏であったことに起因しているのであろう。

①１世紀

・三雲南小路２基（糸島市）長方形周溝墓㊇38超

・須玖岡本Ｄ　　（春日市）形状不明　㊇13超㊋1

・立岩堀田10号（飯塚市）　同　　㊇6

・東小田峰　（筑前町）　同　(内)1

②2世紀

・井原鑓溝4基　（糸島市）形状不明　(内)2(方)21

・三雲寺口Ⅱ-17　（　同　）方形区画墓

・飯氏Ⅱ区　（福岡市）　同

・山古賀 SC019　（吉野ヶ里町）石棺土壙墓

③3世紀前半

・平原1号　（糸島市）長方形周溝墓(内)7(方)32

・酒殿　（粕屋町）形状不明

・平塚　（　同　）円形墳丘墓(内)1

・亀山　（志免町（しめまち））方形墳丘墓

・名子道2号　（福岡市）隅丸方形墳丘墓

・宮の前C　（　同　）突出部付方形墳丘墓

・比恵 SD01　（　同　）方形墳丘墓

・一本杉 ST008　（吉野ヶ里町）前方後円形墳丘墓

・津古2号　（小郡市）形状不明

・赤坂　（鳥栖市）前方後方形墳丘墓

④3世紀後半

・**那珂八幡**　（福岡市）前方後円墳㊀1

・**原口**　（筑紫野市）　同　㊀3

・御道具山　（糸島市）　同

・津古生掛　　（小郡市）　　同

⑤4世紀前半

・端山　　（糸島市）　前方後円墳

・津古1号　　（小郡市）　　同

⑥4世紀後半

・**一貴山銚子塚**（いきさん）（糸島市）　前方後円墳㊁1㊄1㊀8

・三国の鼻1号（小郡市）　前方後円墳

（5）那珂八幡古墳

標高8m那珂川・御笠川間の台地（福岡市）

3世紀後半のホタテ貝式前方後円墳（推定86m）

仕　様：周濠あり、周庭・葺石・埴輪なし、割竹形木棺直葬　㊟調査は2号主体のみ

副葬品：**三角縁神獣鏡**1、硬玉勾玉・碧玉管玉・ガラス小玉

土　器：土師器（高坏・器台）

特殊物：中広形銅戈鋳型1

没　年：棺の方位北北東（壬癸）か南南西（丙丁）・墳墓の方位東北東（寅）で壬寅（282）

被葬者：ヤマト王権が派遣した古墳築造指導者を受け入れた首長

（6）原口古墳

標高53m宝満川支流山口川右岸台地（筑紫野市）

3世紀後半のホタテ貝式前方後円墳（推定81m）

仕　様：葺石あり、周濠・周庭・埴輪なし、粘土槨・割竹形木棺

副葬品：**三角縁神獣鏡**3、鉄刀・鉄斧、管玉・丸玉

土　器：不明

没　年：棺の方位東北東（甲乙）か西南西（戊己）・墳墓の方位南南東（巳）で乙巳（285）

被葬者：ヤマト王権が派遣した古墳築造指導者を受け入れた首長

（7）一貴山銚子塚古墳

標高13m長野川河口左岸の丘陵（糸島市）

4世紀後半の柄鏡形前方後円墳（推定103m）

仕　様：前方2段・後円3段築盛、葺石あり、周濠・周庭・埴輪なし、竪穴式石室・組合せ式木棺

副葬品：**内行花文鏡**1・**鍍金方格規矩四神鏡**1・**三角縁神獣鏡**8、素環頭大刀3・直刀3・鉄剣6等武器類、硬玉勾玉2・碧玉管玉33

土　器：土師器（二重口縁壺）

没　年：棺の方位東南東（甲乙）・墳墓の方位南（午）で

甲午（394）

被葬者：弁韓から新技術を有する工人集団を招来した伊都国王

3．豊前

（1）小迫辻原遺跡

標高123m筑後川支流花月川右岸台地（日田市）

3世紀後葉～4世紀初頭の特殊建物

地域性：瀬戸内海と筑後川の水運を結ぶ拠点地としてヤマト王権が重視

土　器：布留式（**畿内系・吉備系**）

①1号周溝

一辺47mの正方形周溝：

大型高床式総柱掘立建物1

2×3間以上（床80㎡以上）

㊟ヤマト王権の**屯倉**

②2号周溝

36×37mの方形周溝：

大型高床式総柱掘立建物2

2×3間（床80㎡）

㊟ヤマト王権の**屯倉**

③3号周溝

一辺20mの正方形周溝：

高床式掘立建物1

2×3間（床24㎡）

㊟屯倉を管理した有力首長の**邸閣**

（2）小部遺跡

標高10m駅館川左岸の平地（宇佐市）

3世紀後葉～4世紀初頭の特殊建物（2ha）

地域性：瀬戸内海と筑後川の水運を結ぶ拠点地としてヤマト王権が重視

土　器：布留式（**畿内系・吉備系**）

建　物：大型高床式総柱掘立建物1

3×4間（床48㎡）

㊟ヤマト王権の**屯倉**

（3）墳墓事例

①2世紀後半

・高島第2　（北九州市）　形状不明

②3世紀前半

・城野　（　同　）　方形周溝墓

・川部南西1号　（宇佐市）　同

・採銅所宮原　（香春町（かわらまち））　形状不明(内)1

・夫婦塚　(田川市)　方形墳丘墓(内)1

・下稗田H　(行橋（ゆくはし）市)　同

・竹並A10号　(同)　同

・徳永川ノ上3・5号　(みやこ町)　同

・同　4号　(同)　円形墳丘墓(内)1

・山崎八ケ尻　(北九州市)　方形墳丘墓

・郷谷C　(同)　円形墳丘墓

③3世紀後半

・**赤塚**　(宇佐市)　前方後円墳㊂4

・古稲荷　(同)　方墳

④4世紀前半

・**石塚山**　(苅田町（かんだまち）)　前方後円墳㊂14

⑤4世紀後半

・免ヵ平　(宇佐市)　前方後円墳

・島津丸山　(遠賀町（おんがちょう）)　同

(4) 赤塚古墳

標高31m駅館川右岸台地（宇佐市）

3世紀後半のホタテ貝式前方後円墳（推定58m）

仕　様：周濠あり、周庭・葺石・埴輪なし、箱式石棺直葬

㊟調査は2号主体のみ

副葬品：**三角縁盤龍鏡** 1・**三角縁神獣鏡** 4、鉄刀・鉄斧、碧玉管玉

土　器：土師器（二重口縁壺）

没　年：棺の方位東北東（甲乙）か西南西（戊己）、墳墓の方位東北東（寅）で甲寅（294）

被葬者：ヤマト王権の命により湊津と**小部遺跡**を支配した海人の首長

（5）石塚山古墳

標高8m周防灘に面した台地（苅田町）

4世紀初頭九州最大の前方後円墳（推定120m）

仕　様：前方2段・後円3段築盛、葺石あり、周濠・周庭・埴輪なし、竪穴式石室

㊟江戸時代に乱掘あって棺不明

副葬品：細線式獣帯鏡1・**三角縁神獣鏡**（伝14・現7）、素環刀等武器武具類、コハク勾玉・碧玉管玉

土　器：土師器（布留式古相併行期の丹塗口縁壺）

没　年：棺の方位西北西（庚辛）か東南東（甲乙）・墳墓の方位西北西（戌）で甲戌（314）

被葬者：ヤマト王権の命により瀬戸内海航路の湊津を管理した海人の首長

4．日向の墳墓事例

①2世紀後葉～3世紀前半

・東平下1号　　（川南町）円形周溝墓

②3世紀後半

・東平下2号　　（　同　）方形周溝墓

③4世紀前半

・持田45号　　（高鍋町）前方後円墳

・西都原1・72号　（都城市）　同

・生目1号　　（宮崎市）　同

④4世紀後半

・川南39号　　（川南町）前方後円墳

・持田1号　　（高鍋町）　同

・西都原90号　　（都城市）　同

・生目3号　　（宮崎市）　同

旧児湯郡は『倭人伝』にある呼邑（こゆ）国とみられ、卑弥呼女王の邪馬壹国が市場を設置し、南海交易と造舟が行われていたとみられる。

弥生後期後葉の銀台ヶ迫（ぎんだいがさこ）遺跡（新富町）から内行花文鏡か方格規矩鏡の破片が竪穴式建物から出土した。

5．肥後の鉄器鍛冶工房群

1～4世紀の鉄器鍛冶工房群

所在地

①菊池川流域：下前原・諏訪原・方保田東原

②白川流域　：山尻・西弥護免・池田・狩尾・池田古園

③緑川流域　：双子塚

特殊物：鉄器（鏃・槍鉋・小型袋状鉄斧・刀子・鋤鍬先・摘鎌）

鉄材（板状・棒状・不定形・三角形端切れ・廃棄片）

一大火山国の肥後・薩摩には縄文時代から続く「貝の道」があり、道の始まりは貴重なタカラガイなどを産出する南西諸島・琉球列島で、ここから運んできた貝を加工し貴重品として交易を行っていた。

その加工に必要な鉄器工具の製作を主とするもので、加工資材の入手については南朝鮮からの舶載説と中九州産出説が対立している。

当時の倭国では鉄鉱石を溶融する炉ができないので、山から掘り出した鉄鉱石を製錬する技術がなく、板状・棒状に鍛造加工することはあり得ず舶載物に限定される。

肥後の海人は高価な鉄資材を筑前から入手するため南海諸島に土器を運び、そこから珍しい貝を薩摩に運んで加工し、八代海・有明海を経て筑後川を上る内航ルートを使って交易を行っていた。

弥生後期後半以降の肥後ではこうした独自の三角交易を行っていたのが宇土半島を根拠地とした火の君とされ、その墳墓とみられる城ノ越古墳（3世紀末葉～4世紀初頭の前方後円墳 44m　宇土市）から三角縁神獣鏡が出土しており、ヤマト国連合への参加は早い段階となる。

6．薩摩の貝加工工房

3～7世紀の貝加工工房

所在地

①広田（南種子町）

②松ノ尾（枕崎市）

特殊物：南海産貝（ゴホウラ・オオツタノハ・イモ・ツノ・メンヤコウ）を貝輪などの製品に加工

シャーマンを埋葬した各地の古墳から貝輪が出土し、北陸の加賀で大量に作られた鍬形石・石釧・車輪石は貝輪を模倣した形が多いので、貝加工品は貴重な交易品となっていたことが窺える。

5章　倭国大乱

1節　邪馬壹国の動き

1．男王時代

（1）王宮と墳墓

『倭人伝』によれば、卑弥呼が女王に共立される前の邪馬壹国は男王で、後漢の桓帝（148～167年）と霊帝（168～189年）の間に起きた倭国大乱（以下「第1次倭国大乱」という。）まで70～80年間続いたとある。

この国は物部氏族が建国した国で、シャーマンの男王が君臨したのは1世紀末葉～2世紀後葉の弥生後期中葉、王宮は近江の伊勢遺跡（守山市・栗東市）とみた。

この間、少なくとも3、4人の男王がいたとみられ、その墳墓は王宮のある近江ではなく、出身母体となった出族の小国にあると想定されるが特定には至っていない。

（2）第1次倭国大乱

第1次倭国大乱の実態について『倭人伝』は何も触れていないが、2章で取り上げたとおり、時期は165～184年ごろの概ね

20年間とみられ、原因については第2次倭国大乱で起きたことから類推すると、次のような経過になるであろう。

①後継男王の選定を巡り、邪馬壹国を建国した物部氏は次の3派が連合の男王権を争ったことが想定された。
　㋑近畿・近江湖南系
　㋺山陰北陸・近江湖北系
　㋩東海・近江湖東系
②内乱で争っていたとき、筑前の奴国が淡路島の舟木遺跡（淡路市）に派遣していた韓系鉄鍛冶工人が大和の奈良盆地に移住するため河内潟に侵入してきたので激戦の末撤退させた。
③後継男王の選定を諦め、妥協策として卑弥呼を女王に共立した。女王を支えていたのは玉作豪族であった旦波・近江湖西系物部氏であろう。

2．女王時代

（1）卑弥呼女王

旦波物部氏の出とみられる卑弥呼が女王に共立されたのは185年ごろで、狗奴国の卑弥弓呼男王との争闘中に死去した247年末まで約63年間君臨していたとみられる。

その王宮は近江の下鈎遺跡（栗東市）で、当初の墓地は湖西にある八王子山（大津市）と想定されたが、7世紀の天智帝のとき邪馬壹国の痕跡を失くすため改葬し、大和にある壱與女王墓（桜井市の箸墓古墳）に合葬したとみられることは前著で指摘した。

（2）第2次倭国大乱

第2次倭国大乱とは概ね234〜249年に至る16年間で、その概要は次のようになると解され、『記紀』にある神武東征成功譚とはまるで逆の内容となる。

①3世紀前葉奴国は美濃の狗奴国に男王を送り込み、淡路島の舟木遺跡にいた韓系鉄鍛冶工人を近江湖東の稲部遺跡（彦根市）に移住させ、北陸道・東山道の起点となる要衝地に進出した。
②邪馬壹国はこれを追い出そうとしたが、湖北・湖東にいた物部氏系は動かず、両国は互いに急襲を仕掛ける長期戦に突入した。
③敗勢の卑弥呼は魏へ朝貢して「親魏倭王」の承認を得たが戦況は好転せず、再三にわたって帯方郡に援軍派遣を要請した。
④朝鮮の楽浪郡・帯方郡は三韓と戦闘中でこれに応ずる余裕は無く、丁卯（247）の年末卑弥呼は追い詰められて死去した。
⑤邪馬壹国では卑弥呼の死去後に近畿・近江湖南系物部氏の男王が立ってまとまらず、互いに殺し合いとなって千余人が死んだ。

⑥帯方郡の武官張政の調停によって卑弥呼と同族で13歳の壱與が女王となり、敗戦を受け入れ近江から大和に遷国した。

（3）壱與女王

邪馬壹国が狗奴国との戦闘に敗れて卑弥呼女王が死去した直後の248年早々、帯方郡から派遣された武官張政が九州の伊都国に来着した。

そのとき邪馬壹国では男王が立って内乱となっていたが、張政は第2次倭国大乱を終息させるため次のような調停を行ったことが想定される。

①邪馬壹国は、卑弥呼と同じ玉作族のシャーマンを女王とすること。

②邪馬壹国は敗戦を受け入れて近江を狗奴国に譲り大和に遷国すること。

③魏が邪馬壹国と狗奴国の双方を倭国における小国連合の代表国として承認するよう帯方郡が上申すること。

④新技術を有する工人を倭国に派遣するため帯方郡が協力をすること。

249年この調停に基づいて女王に就いたのが13歳の壱與とな

り、卑弥呼と違って連合加入国による共立ではなく張政の調停によるものであろう。

260年女王は卑弥弓呼男王と共に魏の元帝から同爵位を授かり、270年に死去するまでの20年間、その王宮は纏向遺跡（桜井市）で墓地は箸墓古墳となり、邪馬壹国はこのとき終焉となった。

3．脆弱な権力基盤

（1）部族一体性の限界

弥生中期に九州から河内の上町台地北端に進出し、伊都国を外交・交易の窓口としていた物部氏は、近畿の摂津・河内・近江・大和、山陰の因幡・伯耆・石見・旦波、東海の美濃・尾張・伊勢へと進出し、1世紀末葉水運と陸運の要衝地であった近江湖南に連合の中心国である邪馬壹国を建国した。

伝承によれば、物部氏とは25種の職業集団を有した大クラン（大部族集団）の総称だが、支配地を拡大するにつれてその勢力は次の4地域に分かれ、全体を統率していた邪馬壹国のシャーマン王と男弟王のポスト争いが激しくなり、内乱が起きたとみられる。

①近畿・近江湖南（青銅器加工が得意）

②山陰北陸・近江湖北（鉄器・木器・玉加工が得意）

③東海・近江湖東（中部・関東に金属器供給）
④旦波・近江湖西（玉加工が得意）

こうした分裂は、馬韓・弁韓・辰韓に類似した体制と把握されるもので、統一国家には至っていない未熟な小国家連合の離合集散であった。

内乱の裏付けとなるのが、永初元年（107）の後漢安帝への朝貢であり、邪馬壹国では建国後2人目となる男王を誰にするのか一本化できなかったことは明らかで、こうした後継者争いはおそらく毎回起きていたのであろう。

部族の治安維持や他国との紛争に備えるため設置されていた武人集団（武内（たけのうち）集団）は、話し合いが膠着すると戦ったとみえる。

武人とは各職業別集団から選抜されて教育を受けたエリートで、その原型は弥生中期の博多湾にあった早良（さわら）王国（吉武高木遺跡）で知ることができる。

（2）共同体祭祀の限界

銅鐸・銅矛などの青銅祭祀器を用いて集落ごとに共同で神祀りを行ってきた伝統は、2世紀ごろから地球規模で始まった寒冷化気候によって打ち砕かれ、弥生中期に温暖な気候をもたらした太陽神の復活を願う動きが強くなった。

この時期、朝鮮半島から倭国へ渡来人が増加し、銅鏡を用いた陰陽五行説に基づく天地の祭祀や部族の指導者である首長を墳丘墓に手厚く埋葬して祭祀を行う新たな神祀りが始まっている。

同時に、天災や疫病といった災厄を逃れるため、人形などを用いた祈祷がシャーマンによって盛んに行われるようになった。

（3）経済的一体性の限界

邪馬壹国は連合加入国に市場を設置しネットワーク化を図るとともに、市場管理人である「大市」を派遣していた。

鉄器を最も必要とするのは開墾が盛んに行われた中部・関東地方の東国であるが、船載物である鉄器資材の輸送は遠隔地にとって不利であったから、その配分を巡って対立が生じることは避けられない。

また、瀬戸内海では海賊に襲われて船載物を奪われる事件もあったとみられ、見晴らしの良い高所に砦（高地性集落の一種）を設けて監視していたが、防御対策としては不十分であったとみられる。

2節　狗奴国の動き

『記紀』によれば、伝承と古墳からその存在が明らかな崇神帝以前に、九州から近畿に東征した磐余彦（いわれびこ）（神武帝）のほかいわゆる“欠史8代”の天皇がいた。

磐余彦は大和を目指して河内潟から上陸したとき、物部・長髄彦（ながすねひこ）の同盟軍と激戦となり、敗れて紀伊に撤退したとある。

だが、各地の遺跡から推定されたことは、邪馬壹国の内乱に乗じて淡路島に置いた韓系鉄鍛冶工人を大和に移住させようとしたのは奴国であり、2世紀後葉に起きた第1次倭国大乱では戦いに敗れて頓挫した。

この戦闘で痛手を被ったのは邪馬壹国も同じことで、摂津・河内における物部氏の武内集団が弱体化し、後継の男王選定でもめた末に窮余の一策として卑弥呼を女王に共立したとみられる。

また、『倭人伝』が卑弥呼女王と卑弥弓呼男王について「素（もと）ヨリ和セズ」と評したのは、第1次倭国大乱における河内潟での激戦のみならず、積年のライバルである伊都国と奴国、物部氏系と蘇我氏系、あるいは青銅鍛冶族と鉄鍛冶族の対立があったことも暗に示唆しているとみえた。

伊都国と奴国が多大な犠牲を払ってでも近畿を支配しようと企図し、主導権争いを演じた根源にあったものは、近畿に多く賦存していた**褐鉄鉱と辰砂の争奪**、加えて**金属器加工生産の独占的な支配**にある。

1．褐鉄鉱の争奪

琵琶湖周辺・奈良盆地・東海は褐鉄鉱（水酸化鉄）の優品を産した土地柄で、現在では天然記念物として採取禁止となっている場合がある。

その呼び名は「高師小僧（たかしこぞう）」「根子（ねこ）」「鈴石（すずいし）」「鬼板（おにいた）」など地方によって様々だが、中国ではその中に入っている赤茶色の粘土を「赤石脂兎余糧（せっせきしうよりょう）」という漢方薬として古来高く取引されており、正倉院にも所蔵されている。

古代の天皇や豪族の中に「○○根子」という和名が付いている場合、高価な粘土の入った褐鉄鉱の収集取引に関与していた可能性が高い。

弥生中期の集落である大和の唐古・鍵遺跡（奈良県田原本町）では、鈴状の褐鉄鉱にヒスイの勾玉を入れて埋納したものが出土しており、当時の人は再生するものと信じていたようである。（３章参照）

湿地帯で水田稲作を行っていた倭国では、耕作中に褐鉄鉱を見つける機会が多く、粘土が入っていない場合でも貴重な鉄資材として買い取られ、鍛冶屋がそれを加工していたのであろう。

2．辰砂の争奪

辰砂（しんしゃ）（硫化水銀）の名称は、大産地である中国湖南省辰州に基づくとされる。採取した岩石を石杵と石臼を用いて粉末に砕き、水に入れて朱丹（しゅたん）（水銀朱）を比重選鉱で分離していた。

この手法は、日本でも縄文後期の阿波や晩期の伊勢で生産が認められ、『倭人伝』には「山ニ丹有リ」「朱丹ヲ以ッテ其ノ身体ニ塗ル」とある。

朱丹入壺や石杵・石臼が副葬されている墳墓の被葬者は、邪気を払うため朱丹を人々の顔などに塗っていたシャーマンである。

中国では顔料や漢方薬にも用いられる貴重品で、秦の徐福が始皇帝のため蓬莱国に向けて船出したのは、不老長寿の仙薬つまり朱丹を獲得するためであったとする説もある。

実際、伊勢・南山城・大和・紀伊・越前・若狭・但馬・吉備・阿波・豊前・豊後などには辰砂の産地があり、倭国大乱における争いは大産地である伊勢（多気町ほか）・大和（宇陀市）の争奪戦でもあった可能性が高い。

また、遺体の邪気を払って腐敗を避けるため朱丹を塗布した事例は、各地の権力者の墳墓遺跡で確認されている。

①須玖岡本遺跡Ｄ地点の甕棺（福岡県春日市）

　弥生中期末の奴国王墓

②三坂神社古墳群の木棺（京都府京丹後市）

弥生後期前半の丹後王墓群

③城野遺跡の石棺（福岡県北九州市）

弥生後期後半の王墓

④平原１号墓の木棺（福岡県糸島市）

弥生終末期の王墓

⑤墳丘墓上に置く埴輪（岡山県の備中地域）

弥生終末期の首長墓

⑥新庄天神山古墳の赤枕（岡山県備前市）

古墳前期の首長墓

３．鍛冶族の対立

大陸文化受入れの窓口であった北部九州では、弥生後期になると朝鮮の影響を受けて鉄器加工が盛んとなり、人々の生活に広く鉄器が用いられるようになった。

その影響は伊予・吉備・山陰・北陸に広がり、特に玉作りや石器加工が盛んな北陸では終末期になると盛んとなったが、工房で使用する工具が主で農具などには至っていない。

また、１世紀末葉のころ近畿の喉元ともいえる淡路島北部に、奴国が主導したとみられる大規模な鉄器鍛冶工房集落ができても、豊富な加工鉄器が近畿で供給されていたとは認め難い。

同時期の近江では男王の邪馬壹国が成立し、第１次倭国大乱を経て女王の国となっても青銅器加工が主流とみられ、鉄器が広く普及したのは古墳時代早期、奈良盆地にヤマトが建国されたことによるものであった。

工房で働く韓系鉄鍛冶工人の食糧確保や産品の流通面からみれば、離島の淡路島が不便であることは否めないのに、なぜ鉄器鍛冶工房群をここに設置したのだろうか。

先述のとおり、近畿では弥生中期末から物部氏による青銅鍛冶族の活躍があって鉄鍛冶族は少数であったから、ここに進出すればその勢力と衝突する恐れがあった。

様子を窺うためやむを得ず淡路島に置いたと解され、邪馬壹国が後継男王の選定問題で内乱となった隙を突いて移住を試みたと思われ、倭国の開発は東国に拡大し続けていたので、東海や北陸の豪族はこれを強く支持していたのであろう。

１回目は河内潟から入って大和への移住を目指したが失敗し、２回目は熊野灘を回って伊勢湾に入り、美濃に上陸して近江湖東への移住を目指し成功したかにみえたが、摂津・河内・近江湖南の物部氏系は抵抗を続け第２次倭国大乱となった。

3節　戦闘の様相

大陸では北方民族の南下や西方民族の東進に伴って戦争が頻繁に起き、その経験から国家創設の意識が早くから生まれ、戦いに勝った者は周囲の敵と対抗するため、兵士徴発や徴税などの統治制度を構築し国王として君臨した。

島国の倭国では飛鳥時代にあった唐・新羅連合と百済・日本連合による本格的な戦争が初めての経験であり、白村江の戦いで惨敗を喫した日本は中国に準じた律令制度の導入を急ぎ、大陸並みの国家創設へと舵を切っている。

それ以前の倭国では、様々な職業集団に統率者の首長がおり、首長は大クラン（大部族集団）を構成するメンバーで、大クラン全体の統率者が連合王であった。

大クランのマツリゴトはシャーマン王と男弟王による祭政一致であるが、徴税や兵士徴発といった統治制度を有していないので、王といえども他国との戦闘や国内で起きた反乱を鎮圧するため、一般住民を徴発することはできない。

治安を保持しメンバーを統御するには相当の武力が必要となるので、武人集団を養成して住民の取締りや王の警護を行い、他集団との争いがあれば戦士として戦わせた。

その人数では敵に勝てないとなれば、家事労働に使っている奴婢に武器を与え戦闘に駆り出す、それでも人数が足りない場合は工房の工人（手人（てひと））も動員することとなる。

工人は雇用ではなく所有の対象であったから、農林漁業を生業とする一般住民とは区別され、彼らに職業選択の自由はなく、その身分は奴婢に準じた扱いとなっていた。

したがって、弥生時代の小国による戦闘と大陸における国家の戦争を同じ次元でとらえるのは正しくない。その大きな違いは、徴税・徴兵の制度を欠いていたことであり、戦闘の主役は大クランに属する部族長（豪族）が所有していた工人とみざるを得ない。

1．工人の戦士

鍛冶・土師・玉作・機織・石工・木工など多くの工房が立地していたのは、何といっても九州と近畿であった。中でも、屈強な男性が多くいて、強力な金属製武器を有する鍛冶工房の工人は、戦士として貴重な担い手になっていたと思われる。

飛鳥時代末期から奈良時代初期にかけて、ヤマト朝廷は東北地方を支配下に置くため陸奥と出羽の双方に出城を築き、中央から逃亡してきた蝦夷の懐柔と鎮定に乗り出した。

そのとき、蝦夷は密かに軍事訓練を行っているとの記述があるので、鍛冶工房が暇なときは戦闘の訓練を行なっていたことが想定され、全くの素人兵士とは言えない存在である。

ただし、戦闘で多くの犠牲者が出ることは避けられず、生き残ったとしても敗れれば取り子（捕虜＝奴婢）となる。そのため、密かに戦場から離脱する者が多く、鍛冶族の場合は東日本や北日本に逃亡していた。また、洪水や干ばつのとき十分な食糧や衣類が工人に配布されなくなるので、集団で反乱を起こすとか脱走をすることもあった。

そのため、目印となる刺青（いれずみ）を顔に施す、武人が監視する、工房の周囲に多重環濠を作る、見通しの良い高台に砦を設け監視する、工房を島に置くなどの対策を講じているが、それでも第１次・第２次の倭国大乱では多くの逃亡者が出たと思われる。

こうした事情は『常陸国風土記』を見れば理解ができる。ヤマト朝廷は彼らを蝦夷と蔑称し、律令時代になっても容易に班田農民とは認めず、戸籍のない遊民（浮浪者）扱いとしている。

ところが、研究者の中には蝦夷と称された人々や、エゾと称された土着の縄文系人をアイヌ人とみる、あるいはこれらの人々が残した地名を十把一絡げにアイヌ語だと強弁する見方が続いてきた。しかし、アイヌ人とこれらの人々の決定的な違いは、後者が狩猟採集に加えて農業を営むこと、鍛冶屋が多いこと、言語の発音や意味を探ると朝鮮語系とみられるものが多いことである。

平安末期、奥州平泉に黄金の文化を築いた藤原氏は、自ら蝦夷の子孫であることを認めていた。中尊寺に安置されたミイラを調査した結果、アイヌ人の形質が全く見られないことも明らかとなっている。

北上山地に多い鉄鉱石の加工は、蝦夷の鍛冶族によるもの、また北陸から日本海を北上してきた蝦夷の安倍氏（安藤氏・安東氏を含む。）は北東北や南北海道における北方交易を得意としていた。

蝦夷の中には津軽海峡を渡って南北海道に住んでいた者がおり、北海道式古墳と命名された低墳丘墓が千歳市などにあるのは、彼らの手によるとみられる。

現在、北海道に住むアイヌ人が築いた文化と明確に認められているのは 13 世紀以降のことであり、元軍が樺太（からふと）（サハリン）に侵攻したとき多数のアイヌ人が北海道に逃亡してきたことによるものであった。

2．戦闘地域

主要戦闘員が工房の工人であるから、攻伐争乱の舞台となるのは工房が数多く立地していた地域と重なることは間違いない。

30 余の小国があった倭国の中で、早くから水田開発の進んだ西日本からみれば、東日本はまだまだ未開発地が多く、人々は太陽が昇ってくる東方にフロンティアを求め、増加し続ける人口の分散化を図っていた。

フロンティアの開発地に必要な人や道具を送り込むには、途中の経路に市場を置くことが肝要で、市場間の輸送には水運と陸運の双方が必要となる。

それが可能となる近畿の要衝地となれば、対象域は淀川流域から琵琶湖畔に絞られ、中継地となる伊勢湾岸や北陸沿岸における海人の活躍も欠かせない。

これらの地域に多くの工房と市場が立地し、東日本に設置された市場との間で各種物品の交換が行われていたことは、流通した諸物品や外来系土器の出土物によって確認されている。

3．戦闘の結果

鉄の武器が多い狗奴国と青銅の武器が多い邪馬壹国では、前者が有利なことは言うまでもないだろう。卑弥呼は宗主国である魏に援軍を求めたものの、楽浪郡と帯方郡は韓人との紛争があって戦いとなっており余裕は無い。

卑弥呼の死去は邪馬壹国が敗れたことを意味し、敗れれば国は奪われるのが普通だが、邪馬壹国には魏という後ろ盾があったから、勝った狗奴国としても滅亡に追い込むことはできない相談である。次善の策として出てきたのが近江を狗奴国に譲り、邪馬壹国は大和に国替え即ち遷国をすることであったとみられる。

一方、勝者とはいえ大勢の工人を失った卑弥弓呼にも大きな損失があった。倭国のものづくりが停滞し、狗奴国連合加入国ばかりか三韓や魏の二郡にも大打撃を与えたことである。

中でも、全生業の要であった鉄鍛冶・青銅鍛冶工人の多くを失ったことは大きな痛手であり、人心は並立していた2大連合から離れ、ヤマト建国と統一連合の創設に動いたとみられる。

6章　ヤマト建国

1節　部族集団の東方進出

1．海人族

『倭人伝』にある邪馬壹国への道程をみると、肥前末盧国（まつらのくに）から豊前不弥国（うみのくに）（北九州市の城野遺跡の辺り）までは陸路で、不弥国から吉備投馬国（つしまのくに）までは水路で示している。

当時、倭国が鉄器・銅器・ガラス塊を取得するため朝鮮南部に運んでいたのは、褐鉄鉱（赤茶色の粘土入り）・朱丹（硫化水銀）・玉類・生口（奴婢）とみられ、それを運ぶ交易船が潮流の速い穴門（関門海峡）を抜けるには大きなリスクが伴うため、豊前からより安全な陸路を選択していたのであろう。

しかし、少なくても２世紀後葉の第１次倭国大乱の前に穴門の航行が可能となり、瀬戸内海航路の利用価値が格段に高まって近畿に進出しやすい条件が整ったとみられる。

商人である海人のみならず、鉄鍛冶族にとっても商機到来の機会が増し、それまでの主要な交易ルートであった日本海航路から乗り換える動きがあった。

弥生終末期における伯耆の物部氏は、吉備津の海人と組んで河内の崇禅寺遺跡（大阪市）に進出し、同じころ淡路島の舟木遺跡（淡路市）にいた韓系鉄鍛冶工人が近江の稲部遺跡（彦根市）に移住している。

これらの動きは淡路島に鉄を運んでいた吉備津の海人が仲立ちをし、奴国と吉備の間で同盟が成立していたことを窺わせるもので、ひいては倭国統一を目指した動きとも取れる。

また、彼らの動きに先立って、褐鉄鉱・辰砂鉱床・玉加工原石の産地を探索していたとみられるのが、吉備から美濃に進出した探鉱山師の南宮（なんぐう）族である。彼らは各地を渡り歩いて交易に必要な資源を探索していただけではなく、開墾可能な未開地を把握して豪族に情報を伝えていたとみられ、東国の開発は彼らの働きなくしてはあり得なかったであろう。

2．奴国の鉄鍛冶族

第１次・第２次の倭国大乱が起きた背景には、大規模な鉄器加工工房を畿内に設けて、倭国統一の主導権を握ろうとした奴国勢力、即ち弁韓（加耶）から渡来した鉄鍛冶族である蘇我氏系の動きが見逃せない。

奴国の狙いは、美濃を本拠地とする狗奴国に鉄鍛冶族の王統を送り込み、近畿とその周辺に多い褐鉄鉱・辰砂を独占的に確保することにあったのだろう。

2世紀後葉の第1次倭国大乱、これに続く3世紀前葉～中葉の第2次倭国大乱は、気候の寒冷化と小海退によって冷害や洪水が頻発し、人々の生活が疲弊して不安定となった時期であり、銅鐸・銅剣等を用いた神祀りから墳丘墓による死者の神祀りに移行した時期でもあった。

第2次倭国大乱において狗奴国は邪馬壹国に武力では勝利したものの、双方が大勢の工人を失ったため事実上共倒れとなって連合が崩壊し、金属加工生産で他国を圧倒してきた奴国勢力の試みは失敗に終わっている。

結局、倭国の人心は弥生時代を牽引してきた鍛冶族から離れ、州子の海人族による新たな国づくりに期待がかかり、倭韓双方で活躍していた宗像氏系がその中心的な役を担ったものとみられた。

2節　古墳早期の動き

1.　張政の調停

第2次倭国大乱後のヤマト建国と小国連合の統一過程に大きな混乱はみられず、要した年月も極めて短いことからみれば、その調停役を担ったのが帯方郡の武官張政とみられることは先述のとおりである。

魏とすれば、戦闘で勝利した狗奴国は賊軍で本来なら征伐すべき相手だが、朝鮮統治の安定化を図ることが喫緊の課題であり、それには倭国内の対立抗争に終止符を打たせることが有利となる。

また、鉄と玉の交換を柱とする交易が縮小すれば、魏の朝鮮二郡と三韓では仕事が減少し、放置しておけば失業した人々が反乱を起こす危険があった。その点、張政による調停案にはそうした事態を回避できる見通しがあったので、互いに譲るべきものは譲って妥協したとみられる。

勧告された調停案を両国が受け入れた時期は、嘉平元年(249)後半～同2年(250)前半のこととなり、張政は滞在期間3年弱となる同2年(250)後半に帰国したのであろう。

2．三韓との協力

(1)交易拠点の変化

伊都国・奴国の南朝鮮における交易交流の拠点は良洞里遺跡(金海市)であったが、古墳早期以降はその東方にある大成洞遺跡(同)に移り、新たに弁辰狗邪(べんしんかや)国ができた。

第2次倭国大乱に伴い、伊都国・奴国に力が無くなったことは既述のとおりだが、大成洞遺跡に拠点が移って辰韓人がこの地に進出してきたことは注目すべき出来事である。

当時の辰韓には相当数の中国系人が住んでいた。戦乱に伴う難民や楽浪郡の重税に耐え切れない者が馬韓方面に逃亡したことによるものであった。馬韓ではそうした人々を奴婢として辰韓に送り込み、木材の伐採や加工、鉄鉱石の採掘や鍛冶などで働かせている。中国系人は韓人よりも知識や技能レベルが高いので、奴婢としては極めて利用価値が高く高額で取引されたのであろう。

ヤマト建国を目指した州子の海人は、辰韓の豪族と手を結び、高度な技術や知識を有する知識人・工人（漢人（あやひと）族や秦（はた）族）を買い取って倭国に送り込み、その代償として次のような取引を行っていたことが推定された。

①倭人が支配していた弁韓の一部を辰韓の豪族に譲る。

②博多湾に面する砂丘地帯の早良（さわら）に韓人の進出を認める。

（2）韓人の早良進出

早良は伊都国と奴国の間にある荒蕪地の砂丘であったが、3世紀半ばここに南朝鮮から渡来した人々が西新町遺跡（福岡市）をつくり、4世紀半ばまで交易交流の拠点となっていた。

一連の誘導政策を行った州子とは、潜水漁師であった海人族の宗像氏とみられ、筑前の福地・宗像に根拠地を有し、伊都国の役人でもあったから、三韓にいた同胞に働きかけて実現したとみえる。

これまで、中四国以東の海人は伊都国・奴国の役人であった州子の安曇氏を通じて交易をするしかなかったが、ヤマト建国の立役者である宗像氏が認めた者は、西新町に行けば直接交易ができるようになった。

伊都国と奴国にそれを阻止する力は既に無く、倭国の小国は雪崩を打つようにヤマト国連合に傾いたため。筑前と近畿の立場が逆転している。

さらに、4世紀末葉になると海人の外洋航海技術力が向上し、博多湾を介さずに南朝鮮と北九州の福津・宗像を結ぶ新しい航路が開発され、巨大な古墳の築造が可能となる莫大な交易利益をもたらすようになった。

（3）天日槍集団の渡来

豊前・西播磨・越前・若狭・近江・但馬など西日本に広く伝承のある天日槍（あめのひぼこ）は、新羅（辰韓か弁韓の弁辰国）の王子で、『書紀』によれば垂仁帝3年に来朝とあり、各地を転々としながら農業と金属加工の面で倭国に新技術をもたらしたとされている。

農業で言えば寒冷化対策の溜池造成や陸稲栽培、金属加工では次の2点が考えられる。

①朱丹生産の新技術

歩いた地域からみれば朱丹の生産に関わっていた可能性が高く、奉斎していた赤留比売(あかるひめ)の「赤」とは銅鉱石ではなく辰砂のこととみえる。辰砂を採取して朱丹を効率よく精製する技術、例えば辰砂を過熱して気化した朱丹を冷却して回収するような特殊技術を持っていたのではないか。

②鞴(ふいご)を使う鉄鍛冶炉の製作

次節の通り、この時期鞴を用いた鉄鍛冶炉の使用が各地の遺跡で確認されており、集団の中に息長(おきなが)氏族がいた可能性が高い。

3節　ヤマト建国

1．建国の時期

ヤマト国はいつ大和の奈良盆地に建国されたのか、即ち邪馬壹国最後の男弟王とみられる崇神帝がいつヤマト国のシャーマン大王に即位したのか、『記紀』にある関連記事の干支は現実からかけ離れているので信用できない。

そこで、叔父とされる安倍大彦命墓と想定されたメスリ山古墳の副葬銅鏡をみると内行花文鏡があるので、崇神帝も伊都国・

邪馬壹国連合系であった可能性が高くなる。

また、従弟の武淳川別墓と想定された桜井茶臼山古墳の副葬銅鏡をみると、内行花文鏡と方格規矩四神鏡があるから、崇神帝が伊都国・邪馬壹国連合系であったことはより確実となる。

さらに、同帝は後述のとおり東海・近江湖東系物部氏に属していた可能性が高く、男弟王である安倍氏親子は州子潜水漁師の海人宗像氏系となることから、両氏族はヤマト建国で協力関係にあったと見なければならない。

邪馬壹国は第2次倭国大乱後に壱與女王となり、近江湖南から奈良盆地に遷国したとみられることは既述のとおりだが、同国は甲申（264）に崇神帝を男弟王として選任し、同帝がヤマト国のシャーマン王に即位したのは壱與女王の推定死去年である庚寅（270）の翌年辛卯（271）となるであろう。

このとき、魏が外藩国王として認めた狗奴国の卑弥弓呼男王はまだ健在なので、ヤマト国による連合の統一はできていない。統一されたのは男王の推定死去年である癸巳（273）の翌年以降間もない年となる。

また、西晋がヤマト国連合を外藩国として認めたのは太康10年（289）の朝貢以前となり、武帝が即位をした太康元年（280）である可能性が高い。

朝貢は2年がかりとなるのが普通であるから、咸寧4年（278）

に連合統一が成立し、崇神帝がシャーマン大王に即位したものと推定された。

2. 交易交流品の独占的支配

邪馬壹国と比較すれば、ヤマト国が水運と陸運に恵まれた連合国家の中心地とはいえないにもかかわらず、この地が選定されたことに大きな意味がある。

4世紀のヤマト王権崇神王朝が北陸の加賀・越後と山陰の出雲に工人を多数集めて玉作工房を設けたのは、統一連合を強固なものにするため、交易交流に必要な物品の独占化を図るためであった。

加賀では緑色凝灰岩を管玉・鍬形石・車輪石・石釧・合子・石鏃に、越後ではヒスイ・メノウ・石英を勾玉・管玉・小玉に、出雲では花仙山にある碧玉・メノウ・水晶・滑石を玉に加工し大量生産を行っている。

また、伊勢・大和では辰砂から抽出する朱丹の生産拡大、東海・関東では水田の開発に合わせて高価な漢方薬となる褐鉄鉱の収集に力を入れたとみられる。

3．鉄器加工工房の分散配置

（1）鞴を使用した鉄器加工遺跡

穴沢義功氏の調査によれば、古墳早期～前期の遺跡のうち、鉄器加工に鞴を使用した事例は下記のとおりであった（一部筆者追加）。

弥生遺跡ではみられなかったこの技術は、ヤマト王権が朝鮮から指導者を招き、各地にいた鉄鍛冶工人を指導して構築したことが想定される。

凡例　蒲：羽口の横断面蒲鉾形　円：羽口の横断面円形

①纒向　（奈良県桜井市）　3世紀中葉～後葉蒲
②博多　（福岡県福岡市）　3世紀後葉蒲
③千代南原（神奈川県小田原市）3世紀後葉円
④沖塚　（千葉県習志野市）　3世紀後葉円
⑤岩井安町（千葉県旭市）　3世紀後葉円
⑥八幡脇　（茨城県土浦市）　4世紀円
⑦山崎山　（埼玉県宮代田町）　4世紀円
⑧五千石　（新潟県長岡市）　4世紀円
⑨古志本郷（島根県出雲市）　4世紀円
⑩一針B　（石川県小松市）　4世紀円
⑪小戸　（兵庫県川西市）　4世紀円
⑫松木広田（愛媛県今治市）　4世紀円

⑬次郎丸　（福岡県福岡市）　4世紀㊀

⑭寺田　（大阪府和泉市）　4世紀㊀

（2）鉄器加工工房の分散配置

連合の中心国であった邪馬壹国では、王の死去に伴う跡目相続で大規模な攻伐争乱が繰り返され、多くの工人を失ってものづくりが縮小し、諸生業の生産活動に大きなマイナスとなった。

そのため、ヤマト国とすれば鉄製の武器を作ることができる鉄器加工工房は、できるだけ遠方に配置して分散する方策を採ったことが想定される。これだと集結・襲来に時間がかかるので、中心国は鎮定対策を取りやすくなる。その利点を端的に示したのが崇神紀10年の条にある武埴安彦王の反乱であった。

なお、関東地方に数多く立地しているのは、崇神帝が東海・近江湖東系物部氏の出身であったとことを示唆するもので、東国の開拓・開墾に注力した結果とみられる。

4．古墳築造政策

（1）祭祀の意義

中国の宗廟は祖先の霊を祀る所で、墓地は別の所につくるのが古来の習わしであるが、倭国の墳丘墓・古墳は双方を兼ねるものであった。

寒冷化による気候変動が銅鐸・銅剣などの祭祀から墳丘墓祭祀に転換したしたことは既に取り上げたが、その動きは古墳祭祀へと飛躍している。

古墳祭祀の根本思想は、「魂が天に上れば神となり、魄が地に下れば鬼となって再び元に返ることはない」とする陰陽五行説に基づいている。

そのため、遺体の魂魄を棺・槨・盛土・葺石・埴輪で厳重に封じ込め、心づくしの祭祀を行って慰霊を尽くせば魂魄は子孫に再生して福をもたらす、即ち豊穣をもたらすという思想であった。

祖霊に対するこうした思想が倭国で導入されたのは、寒冷化で不作が続き食糧確保が厳しかったとき、第1次・第2次の倭国大乱が起きたことと無関係ではないだろう。

画文帯神獣鏡は、親魏倭王に叙された卑弥呼女王に下賜された100枚の鏡の中にあったとする説がある。アジアでは珍しい女王なので、西王母を刻んだこの鏡を魏皇帝が下賜した可能性は高い。

近江湖南の下鈎遺跡(栗東市)で女王がこの鏡を用いた祭祀を行い、倭琴の調べを奏でたことは事実とみられ、ヤマト王権もこれを継承したが奏者は男性に代わった。

（2）古墳築造の経済効果

奈良盆地にある古墳早期の纏向遺跡では、多くの前方後円形墳丘墓と古墳第１号となる箸墓古墳が短期間で築造され、しかも同形の古墳が本州の東西に短期間で拡散しており、連合の中心国と加入国の関係に大きな変化があったことを示唆している。

弥生後期の小国連合は、交易交流における協力関係を中心とするもので、中心国の優越性は加入国に市場を設ける権利の留保に留まるものであった。

ところが、古墳早期以降のそれは加入国が中心国に朝貢を行う、あるいは古墳築造などに要する人役を負担するという前提に立つもので、中心国の権限が大幅に強化されている。

木器・骨角器・鉄器・銅器・稲籾・織布などの貸付業を生業とする弥生後期の豪族は、勢力を拡大すればするほど賦課（食糧や織布）が集まるものの、それを倉庫に保管するだけでは腐って使いものにならなくなる。

そのため、富の集積を適切に再投資することが求められ、その対象となったのが権威・権力を誇示するための古墳築造であった。

彼らは農閑期の農民を雇って墳墓を造り、蓄えた賦課の一部を賃金として支払うことにより、民生安定を図っている。今日の財政政策でいえば公共事業のようなものであろう。しかも、その技術は田畑開墾や用排水路築造にも役立つものである。

5．ヤマト王権の苦悩

3世紀末葉以降、中国・朝鮮は動乱の時代となったことに伴い、倭国で成立した統一ヤマト国連合の崇神王朝は、対外関係において成立当初から苦難の道を歩むこととなった。

290年　西晋武帝が亡くなり王朝内の権力争奪激化
307年　西晋懐帝のとき北方・西方の異民族が決起（永嘉の乱）
313年　楽浪郡を西晋が放棄し高句麗（美川王）が占拠
314年　高句麗（美川王）が帯方郡を占拠　㊟中国と倭国の外交関係断絶
316年　西晋愍帝のとき滅亡
317年　中国の北朝は五胡十六国、南朝は東晋の時代に
330年　高句麗（美川王）が北朝後趙（羯族）に朝貢
336年　高句麗（故国原王）が南朝東晋に朝貢
339年　北朝前燕（鮮卑族）が高句麗（故国原王）に侵攻
342年　北朝前燕が高句麗（故国原王）に侵攻して大勝
359年　高句麗（故国原王）が北朝前燕の臣下に
350～360年　馬韓北部に百済、辰韓東部に新羅が建国され高句麗の臣下に
369年　高句麗（故国原王）が百済（近肖古王）に侵攻し失敗
371年　高句麗（故国原王）が百済（近肖古王）に侵攻し失敗。百済が高句麗平壌城に侵攻し大勝

372年　百済（近肖古王）が南朝東晋に朝貢

377年　高句麗（小獣林王）・新羅（楼寒王）が北朝前秦（氐族）に朝貢

391年　倭が百済（辰斯王）・新羅（楼寒王）を討って臣下に

396年　高句麗（広開土王）が百済（辰斯王）を討って臣下に

398年　高句麗（広開土王）が粛慎を討つ

400年　高句麗（広開土王）が新羅（楼寒王）にいた倭軍を排除し追走したとき弁韓の安羅兵などが新羅の王都を占拠

404年　旧帯方郡まで北上した倭軍が高句麗（広開土王）により退却

鉄産地が数多くあった弁韓は、もともと倭人・韓人・濊人の混住地域であったが、その伝統は武力によって新羅に破られたことに伴い、ヤマト王権は朝鮮での戦いに対応するため王宮移転を繰り返したとみられる。

上記のとおり戦闘は長期間何度も繰り返されたことから、ヤマト王権では派兵の負担が重くのしかかるとともに、弁韓から倭国へ渡来しようとする多くの難民対策にも迫られた。

難民は首長と配下の民人から成る部族が一群となって来るので、「幡」・「波多」・「秦」などのハタ族とは渡来部族ないしは帰化部族を意味し、ヤハタ（八幡）とは多くの渡来部族を指したものと解される。

380年代になったとき旧近畿・近江湖南系物部氏はこれらの

渡来人と手を組んで百済・新羅・高句麗に対抗することとし、崇神王朝に代わる応神王朝の立ち上げに動き、一旦は戦況の好転化に成功したが高句麗によって跳ね返され、その後は百済を従えて東晋に入朝する路線が主流となった。

参考文献

愛知県埋文センター　1996 年　埋蔵文化財愛知ＮＯ45
明石茂生　2011 年　成城・経済研究第 193 号（漢の市場）
赤塚次郎　2009 年　幻の王国・狗奴国を旅する　風媒社
足立倫行　2010 年　激変！日本古代史　朝日選書
穴沢義功　2017 年　我が国の製鉄遺跡の歴史
網野善彦外　2010 年　馬・船・常民　講談社学術文庫
石村智　　2017 年　よみがえる古代の港　吉川弘文館
池田知久　2012 年　淮南子　講談社学術文庫
石井正巳　2008 年　図説古事記　河出書房新社
稲田義行　2016 年　陰陽五行　日本実業出版社
井上秀雄　2012 年　古代朝鮮　講談社学術文庫
井上光貞　2000 年　日本国家の起源　岩波書店
岩永省三　2010 年　弥生首長層の成長と墳丘墓の発達
岩堀利樹　2010 年　正史三国志　文芸社
上田正昭　2010 年　大和朝廷　講談社学術文庫
宇治谷孟　2010 年　日本書紀　講談社学術文庫
梅原猛　2010 年　葬られた王朝　新潮社
会下和宏　2006 年　日本考古学第 23 号（弥生の鉄剣鉄刀）
大島正二　2007 年　漢字伝来　岩波新書
大林太良外　2009 年　東アジア民族の興亡　日本経済新聞社
大和岩雄　2000 年　新邪馬台国論　大和書房
荻原千鶴　2014 年　出雲国風土記　講談社学術文庫
小和田哲男　1969 年　日本の歴史がわかる　三笠書房
小山浩和　2009 年　山陰地方における弥生時代の玉作
角南聡一郎　1995 年　西日本における畿内系甕製作技術の展開
笠原英彦　2004 年　歴代天皇総覧　中公新書
上垣外憲一　2014 年　倭人と韓人　講談社学術文庫
加藤徹　2008 年　弥生時代の鋳造鉄斧の流通
門脇禎二　2012 年　葛城と古代国家　講談社学術文庫
鎌田東二外　2011 年　日本のまつろわぬ神々　新人物往来社
川勝義雄　2011 年　魏晋南北朝　講談社学術文庫
河合忍　2014 年　弥生・古墳時代の洪水痕跡
北九州市芸術文化振興財団　2014 年　城野遺跡
岐阜県教育委　2013 年　岐阜県重要文化財の指定
金達寿　2010 年　日本古代史と朝鮮　講談社学術文庫
窪田徳郎 2009 年　鉄から読む日本の歴史　講談社学術文庫
窪徳忠　2010 年　道教の神々　講談社学術文庫

熊谷公男　2013 年　大王から天皇へ　講談社学術文庫
倉野憲司　2013 年　古事記　岩波書店
神野志隆光 2013 年　古事記とは何か　講談社学術文庫
国立歴博　2000 年　倭人をとりまく世界 山川出版社
後藤聡一 2010 年　邪馬台国近江説　サンライズ出版
駒田信二外　1981 年　三国志の世界・長安の春秋　集英社
小路田泰直　2012 年　邪馬台国と鉄の道　洋泉社
佐藤寛　2001 年　古代史論争歴史大辞典　新人物往来社
阪下圭八　2004 年　日本神話入門　岩波ジュニア新書
滋賀県文化財保護課　2014 年　湖底遺跡
滋賀県文化財保護協会　1996 年　紀要第 9 号
司馬遼太郎外　1981 年　人物中国の歴史 3　集英社
島根県　2014 年　収蔵品ガイド
白川静　2011 年　新訂字訓　平凡社
杉本厚憲典　2003 年　河内における弥生時代後期から古墳時代にかけて地域社会の動態
関和彦　2007 年　古代出雲への旅　中公新書
関裕二　2000 年　謎とき古代日本列島　講談社
高久健二　2012 年　楽浪郡と三韓の交易システムの形成
瀧音能之　2006 年　古事記と日本書紀　青春出版社
瀧音能之　2010 年　古代史　新人物往来社
武末純一　2012 年　弥生の村　山川出版社
武末純一外　2011 年　弥生時代　河出書房新社
多田一臣　2014 年　万葉語誌　筑摩選書
田中俊明　2013 年　古代の日本と加耶　山川出版社
谷有二　2002 年 山の名前で読み解く日本史 青春出版社
谷川健一 2002 年　日本の地名　岩波新書
谷川健一外　2012 年　地名の古代史　河出書房新社
玉田芳英　2009 年 史跡で読む日本の歴史 1　吉川弘文館
チエ・ウォンソク　2011 年　朝鮮王陵の歴史地理学的考察
塚口義信　2016 年 邪馬台国と初期ヤマト政権　原書房
次田真幸　2014 年　古事記（上）・（下）講談社学術文庫
都出比呂志　2011 年古代国家はいつ成立したか 岩波新書
寺島薫　2012 年 王権誕生　講談社学術文庫
鳥取県　2003 年 四隅突出型墳丘墓
藤堂明保外 2012 年 倭国伝　講談社学術文庫
豊田有恒　2006 年 歴史から消された邪馬台国 青春出版社
鳥越憲三郎　1992 年 古代朝鮮と倭族 中公新書
鳥越憲三郎　1994 年 弥生の王国 中公新書
直木幸次郎　2011 年　日本古代国家の成立講談社学術文庫

中村智孝　1996 年 近江における玉造り 紀要第 9 号
中村啓信　2018 年　風土記（上）（下）　角川ソフィア文庫
奈良教育大　2013 年　鉄の歴史
西嶋定生　2011 年　邪馬台国と倭国　吉川弘文館
西嶋定生　2013 年　秦韓帝国　講談社学術文庫
布目潮渢外　2013 年　隋唐帝国　講談社学術文庫
野島永　2004 年　弥生時代後期・古墳時代初頭の鉄製武器
野島永　2005 年　鉄から見た弥生・古墳時代の日本海交流
野島永　2006 年　弥生時代における鉄器保有の一様相
野島永　2008 年　弥生・古墳時代における鉄器文化
畑井弘　2011 年　物部氏の伝承　講談社学術文庫
肥後弘幸　2010 年 方形貼石墓概論 京都府埋文論集第 6 集
日立金属　2014 年　たたらの話
広瀬和雄　2010 年　前方後円墳の世界　岩波新書
福井県　2014 年　福井県史　通史編一　原始・古代
福永伸哉　2008 年 大阪平野における三世紀の首長墓と地域
藤井勝彦　2012 年　邪馬台国　新紀元社
前田晴人　2006 年　古代出雲　吉川弘文館
藤原哲　2011 年　弥生社会における環濠集落の成立と展開
古田武彦　1973 年　失われた九州王朝　朝日新聞社
松木武彦　2019 年　古墳入門　講談社
松前健　2004 年　日本の神々　中公新書
松本岩雄外　2004 年　弥生時代前・中期の玉と玉作
右島和夫外　2011 年　古墳時代　河出書房新社
三橋健　2011 年　伊勢神宮と出雲大社　ＰＨＰ
水野正好外　2010 年　邪馬台国　雄山閣
村上隆　2007 年　金・銀・銅の日本史　岩波新書
森浩一　2010 年　倭人伝を読み直す　ちくま新書
安川満　2011 年　弥生墳丘墓と前期古墳
安田善憲　2008 年　男鹿・一ノ目潟地層分析
山田繁樹　2014 年　高地性集落と倭国大乱
吉田敦彦　2014 年　日本神話の源流　講談社学術文庫
吉野裕子　2017 年　陰陽五行と日本の民俗　人文書院
吉村雅敬　2014 年　邪馬台国と日本国成立の謎を解く　東京図書出版
李玉　2008 年　朝鮮史　白水社
若狭徹　2013 年　古墳時代ガイドブック　新泉社

■著者略歴

千城 央（ちぎ・ひさし）

本　名　佐藤 明男
1946 年　宮城県生まれ
1969 年　山形大学文理学部卒業
2006 年　宮城県出納局長
2011 年　宮城県図書館長
2015 年　守山弥生遺跡研究会会員

主要著書
2012 年　古代東北の城柵と北斗七星の祭祀（無明舎出版）
2012 年　新版・ゆりかごのヤマト王朝（無明舎出版）
2013 年　エミシとヤマト－鉄と馬と黄金の争奪－（河北新報出版センター）
2014 年　近江にいた弥生の大倭王（サンライズ出版）
2015 年　邪馬壹国からヤマト国へ（サンライズ出版）

倭国大乱　―特殊建物からみた邪馬壹国とヤマト国―

2020 年 11 月 3 日　初版発行

著　者　千城 央
発行者　大内 悦男
発行所　本の森
仙台市若林区新寺 1 丁目 5-26-305（〒984-0051）
電話 022（293）1303

印刷・製本　有限会社イズミヤ印刷
秋田県横手市十文字町梨木 2（〒019-0509）
電話 0182（42）2130

定価は表紙に表示しています。落丁、乱丁本はお取替え致します。

ISBN978-4-910399-01-0